Holger H. Mey

Deutsche Sicherheitspolitik 2030

Holger H. Mey

Deutsche Sicherheitspolitik 2030

REPORT VERLAG

Die Deutsche Bibliothek – CIP-Einheitsaufnahme

Deutsche Sicherheitspolitik 2030 / Holger H. Mey
Frankfurt am Main; Bonn: Report Verlag, 2001

ISBN 3-932385-11-X

Umschlaggestaltung, Layout und Satz: Grafisches Atelier
Manfred Sehring
63303 Dreieich-Offenthal

Druck und Herstellung: Clausen & Bosse, 25917 Leck

Printed in Germany 2001

Inhalt

Gewidmet

Manfred Bertele

Brigadegeneral a. D.

1 Einleitung

Berlin, 12. Januar 2030 – Die Krise spitzt sich zu. Der Bundeskanzler greift zum Telefon. Er hatte sein Vorzimmer angewiesen, ihn mit Deutschlands wichtigstem Alliierten zu verbinden, um mit diesem die Lage und das weitere Vorgehen zu besprechen.

Mit wem wird der Kanzler telefonieren? Mit dem amerikanischen, dem französischen oder gar dem russischen Präsidenten? Oder wird der Bundeskanzler nur noch repräsentative Funktionen wahrnehmen – sozusagen kaum mehr als eine historische Reminiszenz darstellen – und die eigentliche Verantwortung und Entscheidungskompetenz beim Präsidenten der Vereinigten Regionen von Europa liegen? Wie werden überhaupt sicherheitspolitische Entscheidungen zustande kommen?

Welche Rolle haben die Vereinten Nationen bei der Bewältigung von Krisen; sind sie tatsächlich im Besitz des Gewaltmonopols? In welchem Maße gilt das Völkerrecht (welches?) und wer setzt es gegen wen unter welchen Bedingungen und Voraussetzungen in welcher Form durch? Welchen Charakter hat überhaupt das internationale System? In welchem Verhältnis stehen die drei außenpolitischen Instrumentarien von Staaten, nämlich Diplomatie, wirtschaftlicher Einfluss und militärische Macht zueinander? Sind Staaten die eigentlichen Akteure oder vielmehr große, global agierende Kartelle oder Konsortien? Welche Risiken und Bedrohungen könnte es geben und welche Aufgaben kämen auf die Bundeswehr bzw. diejenigen Streitkräfte zu, die deutsche Regionen als militärischen Beitrag für europäische Streitkräfte beisteuern?

Eine Glaskugel steht zur Beantwortung dieser Fragen nicht zur Verfügung. Auch lineare Trendextrapolationen gegenwärtig zu verzeichnender Entwicklungen – als Methode Anfang der 70er Jahre durch die Prognosen des *Club of Rome* („Grenzen des Wachstums") einer breiteren Öffentlichkeit bekannt geworden – helfen kaum weiter.

Eine im Jahre 1872 durchgeführte Trendextrapolation der Zunahme des Pferdemistes in der Stadt London hätte ergeben, dass London 100 Jahre später von einer meterhohen Humusschicht hätte bedeckt sein müssen.

Doch dann kam die Erfindung des Verbrennungsmotors und des Automobils. Erliegen wir heute mit Voraussagen über die Zunahme der Umweltverschmutzung und der Abhängigkeit von Rohöl angesichts der Möglichkeiten eines Übergangs zur Wasserstoffwirtschaft (Stichwort: Brennstoffzelle) einem ähnlichen Trugschluss? Denkbare Interventionserfordernisse eines Landes zur Rohstoffsicherung hängen nicht zuletzt vom Grad seiner Versorgungsabhängigkeit von spezifischen Energieträgern (z.B. Rohöl) ab – und natürlich von der Bereitschaft und Fähigkeit, gegebenenfalls einen höheren Preis für Energie zu bezahlen bzw. militärisch einzugreifen.

Ein Land, das im Jahre 2030 die Umstellung auf „Wasserstoffwirtschaft" vollzogen hat – falls sich dies als wirtschaftlich und von den Sicherheitserfordernissen her als praktikabel erweisen sollte –, befindet sich im Hinblick auf eine mögliche Sicherung seiner Rohölimporte in einer anderen Situation als ein Land, dem dies nicht möglich war.

Annahmen über zukünftige Konflikte hängen somit von Faktoren ab, die insbesondere auch die möglichen Konfliktgegenstände und Konfliktursachen betreffen. Trinkwasser wird hierbei eine andere Bedeutung als Gegenstand gewaltsamer Auseinandersetzungen haben als Öl, ein Energieträger, den man auf den Weltmärkten käuflich (wenngleich gegebenenfalls überteuert) erwerben kann oder auf den man aufgrund vielfältiger Alternativen vielleicht nicht unabdingbar angewiesen ist.

Spätestens seit der deutschen Wiedervereinigung wissen wir, wie rasch Prognosen und Lageeinschätzungen von der Realität überholt werden können. Und dennoch, ungeachtet aller „grundlegenden Veränderungen des sicherheitspolitischen Umfeldes" – so oder ähnlich die Standardeinleitungsformel nahezu jedes wissenschaftlichen Aufsatzes und jeder Politikerrede nach 1989/90 – sind Brüche mit der Geschichte selten so vollkommen, dass keinerlei Elemente der Kontinuität bestehen.

Russland hat sich ohne Zweifel im Jahre 1917 grundlegend gewandelt. Gibt es jedoch deswegen keinerlei Elemente der Kontinuität von der Außenpolitik des Zarenreiches, über diejenige der kommunistischen Sowjetunion bis hin zu derjenigen eines zukünftig möglicherweise demokratischen Russlands? Hat ein demokratisches Russland, wenn es sich denn dorthin entwickeln sollte, keinerlei Interesse an einer Kontrolle des Baltikums und an weiteren Zugängen zur Ostsee, keinerlei Interesse an der Ostukraine oder an Warmwasserhäfen im Indischen Ozean? Für den Westen und die Nachbarn Russlands vermutlich mindestens so entscheidend wie die russischen Sicherheitsinteressen an sich ist jedoch vermutlich die Art und Weise, *wie* diese Interessen verfolgt werden.

Bei allem Wandel im Zusammenhang mit der deutschen Vereinigung: Das vereinigte Deutschland ist weiterhin Mitglied der Europäischen Union und der NATO, um nur zwei Beispiele zu nennen, wenngleich sich beide Organisationen ebenfalls wandeln. Kontinuität ist im Fall der Vereinigung Deutschlands sogar eine maßgebliche Voraussetzung für den „fundamentalen, friedlichen Wandel" gewesen.

In den folgenden Betrachtungen geht es um wahrscheinliche Entwicklungslinien des sicherheitspolitischen Umfeldes über die nächsten drei Dekaden[1] und die dann vermutlich vorherrschenden strategischen Rahmenbedingungen für die Rolle und den Einsatz der Bundeswehr bzw. deutscher Anteile an einer europäischen Streitmacht. Daher müssen für langfristige Streitkräfteplanung – und damit im Hinblick auf möglichen

Wandel – Annahmen über wahrscheinliche Zukunftsentwicklungen getroffen werden.

Die Bestimmung von Einflussgrößen, die sich auf zukünftige Lagen auswirken könnten, ist hierbei jedoch nur eine Aufgabe. Entscheidender ist die Gewichtung dieser Faktoren.

Steht oftmals die *grundlegende* Relevanz wichtiger Einflussfaktoren für das sicherheitspolitische Umfeld im Allgemeinen und die Streitkräfteplanung im Besonderen nicht in Frage, so muss dennoch gefragt werden, *wie* relevant sie eigentlich genau sind. Mit anderen Worten: Im Sinne einer *Sensitivitätsbetrachtung* müssen die einzelnen Parameter

- auf ihre Abhängigkeit von Veränderungen der jeweiligen Annahmen geprüft und
- hinsichtlich ihrer Relevanz für die Streitkräfteplanung bewertet werden.

Hierzu drei Beispiele, die im Verlauf der vorliegenden Untersuchung näher erläutert werden.

Es ist unstrittig, dass die Frage, welche Rolle Russland beispielsweise im Jahre 2030 spielen wird, einen entscheidenden Einfluss auf die europäische Sicherheit haben wird. Ungeachtet spezifischer Anforderungen an westliche Streitkräfteplanungen vor dem Hintergrund konkreter militärischer Fähigkeiten Russlands ist zunächst mit Priorität zu klären, welchen Einfluss Annahmen hinsichtlich einer möglichen Rolle Russlands auf den notwendigen Umfang westlicher Streitkräfte haben werden.

Russland könnte in den nächsten Dekaden

- als staatliche Einheit zerfallen und als internationaler Akteur kaum handlungsfähig sein,
- wieder erstarken – wie so oft in seiner Geschichte – und sich antagonistisch-konfrontativ zum Westen verhalten oder aber
- wieder erstarken und einen partnerschaftlich-kooperativen Kurs gegenüber dem Westen einschlagen.

Das wahrscheinlichste Entwicklungsszenario für Russland wird aus einer Mischung aus Kooperation (wenn aus russischer Sicht möglich) und Konfrontation (wenn aus russischer Sicht nötig) bestehen. Für die folgenden Betrachtungen genügt jedoch der Hinweis auf die drei genannten Szenarien.

Wie relevant für die westliche Streitkräfteplanung wird es sein, welche Entwicklung Russland nehmen wird? Hierzu einige erste Vermutungen: Wenn Russland zerfällt, wird ein – auch militärisch – starker Westen zur Eindämmung der chaotischen Verhältnisse im Osten Europas benötigt – diese Annahme erscheint unmittelbar nachvollziehbar und wird politisch im Westen vermutlich vergleichsweise unstrittig sein. Falls Russland wieder erstarkt und erneut einen antagonistisch-konfrontativen Kurs gegenüber dem Westen einschlagen sollte, ist der Bedarf starker westlicher Streitkräfte zum Erhalt der Stabilität offenkundig und bedarf eigentlich keiner weiteren Begründung.

Nun zum eigentlich interessanten Szenario: Russland erstarkt wieder und entscheidet sich für ein partnerschaftlich-kooperatives Verhältnis zum Westen. In diesem Falle wird der Westen – gesunder Menschenverstand vorausgesetzt – eher ein starker Partner Russlands sein wollen als ein schwacher. Zunächst gilt: Für Streitkräfteplanung nach Ende des Kalten Krieges sind die der Planung zugrunde liegenden Faktoren nicht länger konkrete Bedrohungen, sondern die Fähigkeiten von Streitkräften (von „threat-driven" zu „capability-based planning").

Mehr noch: Die in letzter Zeit von offizieller Seite in Deutschland und anderen Ländern, der Europäischen Union insgesamt und auch der NATO genannte Begründung für verstärkte Verteidigungsanstrengungen der Europäer bezieht sich praktisch ausschließlich auf den Hauptverbündeten und Partner Deutschlands und Europas: die Vereinigten Staaten von Amerika.

Interessanterweise bedarf es also keiner „russischen Bedrohung", sondern lediglich eines militärisch gewichtigen Partners, um den Bedarf zu begründen, „militärisch mehr tun zu müssen".

Wiederholt wurde von deutschen Regierungsvertretern darauf verwiesen, dass die USA nicht zu stark, sondern die Europäer zu schwach seien. Eine Schlussfolgerung liegt daher nahe: Auch wenn sich Russland zum Partner des Westens entwickeln sollte – wobei es Gründe für die Annahme gibt, dass dies niemals in einem mit dem amerikanisch-europäischen Verhältnis vergleichbaren Grade geschehen wird[2] –, dann muss dennoch eine Ausgewogenheit der Potenziale sichergestellt sein. Militärische Fähigkeiten werden daher eher mit grundlegender „politischer Handlungsfähigkeit" und „Einflusssicherung" als mit einer konkreten bzw. aktuellen „Bedrohung" begründet werden müssen.

Eine merkwürdige – im Verlauf der nachfolgenden Betrachtungen näher zu prüfende – Folgerung ließe sich bereits jetzt aus diesen Überlegungen ziehen: Ungeachtet der Frage, wie sich das russisch-westliche Verhältnis entwickeln bzw. welche Rolle Russland langfristig in Europa einnehmen wird, *in jedem Fall* wird der Westen über militärische Stärke verfügen müssen. Krisenmanagement jeder Art lässt sich offensichtlich weitaus konstruktiver und einflussreicher gestalten, wenn man über hinreichende militärische Potenziale verfügt. Die Rolle und Bedeutung militärischer Macht in internationalen Beziehungen – hierauf wird ausführlich einzugehen sein – werden inzwischen auch in Deutschland in höherem Maße und auf breiterer politischer Ebene anerkannt als bisher. Die Erfahrungen im Umgang mit Milosevic waren bei diesem Lernprozess wohl hilfreich.

Bei einem Vergleich amerikanischer und europäischer Verteidigungsanstrengungen fällt auf, dass die USA – *cum grano salis* – nahezu doppelt so viel für die Verteidigung aufwenden wie alle europäischen NATO-Partner zusammengerechnet. Der Verweis einiger Europäer darauf, dass die Europäische Union im Zusammenhang mit dem Balkan jedoch weitaus mehr für Flüchtlingshilfe und den Wiederaufbau ausgebe, führt natürlich im Hinblick auf die Frage nach Handlungsfähigkeit in einer Krise nicht weiter. Man stelle sich eine Verhandlungsdelegation der EU im Rahmen des Krisenmanagements in Belgrad Ende der 90er Jahre vor, wie sie mit Nachdruck und Entschlossenheit Milosevic verdeutlicht, dass sich die EU um die Flüchtlinge und um den Wiederaufbau kümmern werde, wenn Milosevic nicht einlenke...

Gilt also weiterhin der Spruch Friedrichs des Großen, dass Diplomatie ohne Waffen wie Musik ohne Instrumente sei?

Zumindest ist nicht einfach von der Hand zu weisen, dass militärische Macht als Instrument der Außenpolitik von Staaten noch nicht ausgedient hat. Wichtig ist in diesem Zusammenhang die Erkenntnis, dass der Rückgriff auf Streitkräfte nicht erst das „letzte Mittel" sein darf, sondern die Nutzung militärischer Macht *integraler Bestandteil* des Krisenmanagements sein muss.

Ein weiteres Beispiel für die zu prüfende Sensitivität unterschiedlicher Annahmen im Hinblick auf den Grad ihrer Relevanz für die Streitkräfteplanung der Zukunft ist das Völkerrecht. Im Westen – aber im Wesentlichen nur dort! – wird vor dem Hintergrund der Ereignisse im Kosovo über eine Weiterentwicklung des Völkerrechts nachgedacht. Kein Diktator soll sich unter Verweis auf staatliche Souveränität und das Prinzip der Nichteinmischung systematische und groß angelegte Verletzung von Menschenrechten innerhalb seines Landes leisten dürfen, ohne eine multinationale Intervention befürchten zu müssen – so die Argumentation der Befürworter.

Dieser Ansatz wirft naturgemäß eine Reihe von Fragen auf. So wird die Umsetzbarkeit einer Interventionsabsicht von der militärischen Überlegenheit der eingreifenden Staaten gegenüber dem Land abhängen, das die Menschenrechtsverletzungen begeht. Niemand wird auf die Idee kommen, eine Großmacht wie Russland, China, Indien oder gar die USA „zu bestrafen". Die Einhaltung des Völkerrechts wird also nur gegenüber vergleichsweise kleinen Ländern durchgesetzt werden können und auch nur, wenn sich die eingreifenden Staaten in der Lagebeurteilung einig und dazu bereit sind, den entsprechenden Aufwand zu leisten sowie entsprechende Risiken einzugehen. Letzteres wird von den Machtmitteln des jeweiligen Landes abhängen, die abschreckende Wirkung zu entfalten in der Lage sind. Allerdings gilt auch das Prinzip der Gegenabschreckung.

Es gibt Gründe für die Annahme, dass die NATO nicht 78 Tage lang Belgrad bombardiert hätte, wenn Milosevic über Kernwaffen und geeignete Trägersysteme verfügt hätte.

Die stets selektive Anwendung bzw. begrenzte Durchsetzbarkeit des Völkerrechts ist natürlich noch kein Grund, dessen grundsätzliche Richtigkeit zu bestreiten. Doch wissen wir aus innerstaatlicher Erfahrung, dass nicht umfassend und konsequent durchgesetztes Recht mit der Zeit zu einer Erosion des Rechtsbewusstseins führt. Recht zu haben und Recht zu bekommen sind überdies zwei unterschiedliche Dinge. Was wird in Zukunft von ausschlaggebender Bedeutung sein: Die Berufung auf das Völkerrecht (wie auch immer weiterentwickelt) oder die Verfügbarkeit umfangreicher und kampfstarker Streitkräfte?

Ein Kriterium, ob Völkerrecht zur Sicherheit von Staaten beiträgt, könnte die Frage sein, ob ein Land in Zukunft dazu bereit ist, in erheblichem Maße seine Verteidigungsaufwendungen mit der Begründung zu reduzieren, dass es sich durch das Völkerrecht und die Vereinten Nationen geschützt fühlt.

Falls sich die Weiterentwicklung des Völkerrechts nicht realisieren ließe, bliebe es – *cum grano salis* – beim grundlegend „anarchischen" Prinzip internationaler Beziehungen. Staaten werden sich also weiterhin auf *eigene* militärische Sicherheitsvorkehrungen (Streitkräfte, Bündnisse, Diplomatie) stützen. Ließe sich hingegen eine signifikante Weiterentwicklung des Völkerrechts in den nächsten Jahrzehnten umsetzen – eine These, die hier zunächst bezweifelt, später jedoch noch näher untersucht wird –, dann stellt sich weiterhin das Problem der

Durchsetzung des Rechts. Hierzu wäre es erforderlich, dass der „Weltgemeinschaft" Streitkräfte durch Nationalstaaten zur Verfügung gestellt werden – sieht man von einer Aufstellung kleinerer UN-Söldnertruppen ab. Die Tatsache bleibt daher bestehen, dass Staaten erhebliche militärische Machtmittel, in diesem Fall zur Durchsetzung des Völkerrechts, bereitstellen müssten.

Es kann daher angenommen werden, dass die Anforderungen an den Streitkräfteumfang eines Staates im Falle einer konsequent betriebenen Durchsetzung des Völkerrechts insgesamt erheblich größer sein dürften als die Erfordernisse während des Kalten Krieges (vor allem, wenn sich einige Staaten diesem „aufgeklärten" und „modernen" Völkerrechtsverständnis vehement widersetzten).

Es gibt zahlreiche Länder, in denen Menschenrechte systematisch und umfassend verletzt werden. Falls sich die „internationale Staatengemeinschaft" (was auch immer darunter zu verstehen ist) oder einzelne Staaten dazu entschließen sollten zu intervenieren, um dieses Unrecht zu beenden, und dies nicht nur absichernde, sondern auch erzwingende Maßnahmen am Boden – oftmals in Form von Häuserkampf und umfassender Kontrolle von Territorium – erfordert, dann ist eine nahezu grenzenlose Steigerung der Verteidigungshaushalte westlicher Länder und eine immense Aufstockung der Streitkräfteumfänge notwendig. Völkerrecht wird sich also weniger „entlastend" auf entsprechende Streitkräfteplanungen auswirken als vielmehr „fordernd".

Es darf vermutet werden, dass die Streitkräfteplanung des Westens nicht die Durchsetzung des Völkerrechts in den Mittelpunkt der Umfangs- und Fähigkeitsbegründung für die eigenen Streitkräfte stellen wird, sondern diese Aufgabe überwiegend mit den vorhandenen – und anders begründeten – Mitteln geleistet werden muss. Daher scheint die Entwicklung des Völkerrechts, so bedeutsam sie auch sein oder so kritisch sie auch betrachtet werden mag, keinen ausschlaggebenden Planungsparameter darzustellen – eine These, die es ebenfalls noch zu prüfen gilt.

Als drittes Beispiel für die zu untersuchende Sensitivität möglicher Parameter für die Streitkräfteplanung sei die Technologieentwicklung genannt. Obgleich es eindrucksvolle Entwicklungen im Bereich der Hochtechnologierüstung geben wird, zum Teil auch revolutionär anmutende Systeme und Konzepte, ist es weitaus weniger klar, ob sich eine technologische Überlegenheit des Westens auch in militärischen Erfolg umsetzen lässt. Die Verbreitung grundlegenden Wissens und kommerzieller Technologie wird es darüber hinaus kaum ermöglichen, die Nutzung moderner Technik für militärische Zwecke auf westliche Streitkräfte zu beschränken. Dies bezieht sich nicht nur auf die Vergleichbarkeit von Waffensystemen an sich, sondern auch und gerade auf Mittel und Form des Einsatzes.

Moderne Technik wird *alle* Formen der Kriegführung, einschließlich ihrer Hilfsdisziplinen, unterstützen – die der Hochtechnologiestreitkräfte des Westens auf der einen, die der Guerilla und der strategischen Terroristen auf der anderen Seite. Konventionelle Kriegführung wird effektiver und effizienter; das gilt aber auch – so ist zu befürchten – für unkonventionelle Formen, z.B. biologische Kriegführung.

Auf der einen Seite hat der Westen keine Alternative dazu, auf moderne Technik und qualitative Überlegenheit zu setzen. Auf der anderen Seite wird diese Überlegenheit nicht zwingend zum Erfolg führen.

Asymmetrische Kriegführung wird klassische Formen des Krieges (Häuserkampf, Land-Luft-Krieg etc.) zwar weiterhin einschließen; eine Garantie für eine Beschränkung des Krieges auf vom Westen bevorzugte Formen der militärischen Auseinandersetzung wird es jedoch kaum geben. Ungeachtet der Frage also, welche konkreten technologischen Entwicklungen im militärischen Bereich im Jahre 2030 vorliegen und nutzbar sein werden, bleibt Streitkräfteplanung auf Modernisierung sowie das Erproben neuer Konzepte einerseits *und* den Erhalt „klassischer“ bzw. „traditioneller“ Fähigkeiten andererseits angewiesen.

Die genannten Beispiele verdeutlichen, dass es bei der Beschreibung des möglichen sicherheitspolitischen Umfeldes in den nächsten drei Dekaden nicht nur auf die Identifizierung relevanter Einflussgrößen, sondern insbesondere auf die Einschätzung des Grades ihrer Relevanz für die Rolle und Bedeutung von Streitkräfteplanung ankommt. Mit anderen Worten: Im Rahmen einer Sensitivitätsbetrachtung muss plausibel begründet werden, welchen Einfluss die Parameter auf die Planung und welche Abhängigkeit Annahmevariationen haben dürften. Angenommen, die hier getroffenen Annahmen erwiesen sich als vollkommen oder weitgehend falsch, welche Konsequenz hätte dies für die Bundeswehr und welche Relevanz hätte dies für die Sicherheitspolitik beispielsweise des Jahres 2030?

Die Sicherheit des Menschen wird auf die vielfältigste Art und Weise gefährdet. Manche meinen, in der heutigen Zeit eine Transformation des Militärischen in Richtung einer „globalen Zivilgesellschaft“ erkennen zu können. Streitkräfte würden demnach nur noch im internationalen Rahmen und eher als Polizeikräfte eingesetzt. Doch Vorsicht:

Straßen und Brücken bauen, Städte evakuieren und neue anlegen, streitende Nachbarn befrieden, Bürgerkriege schlichten sowie neue politische Verwaltungen aufbauen, all das konnten auch schon die Legionen des Augustus, ohne darüber ihre Kernaufgabe zu vernachlässigen: Schlachten zu schlagen und zu gewinnen.

Nicht alles, was einen neuen Namen trägt, ist auch neu. Über die strategische Relevanz einer militärischen Aufgabe entscheidet die raue Wirklichkeit, nicht die akademische Diskussion. Eine Vielzahl so genannter neuer Sicherheitsrisiken sind eben nicht neu; ein Tatbestand, der im Übrigen nichts darüber aussagt, ob man inzwischen über eine höhere Kompetenz verfügt, diese Risiken zu beherrschen.

Im Rahmen dieser Untersuchung wird des Öfteren auf Beispiele aus der Geschichte zurückgegriffen. Historische Parallelen oder Analogien sind für die Vorhersagefähigkeit von nur begrenztem Interesse; schließlich wiederholt sich die Geschichte nicht. Gleichwohl dienen sie der Veranschaulichung und können davor bewahren, zu rasche Schlussfolgerungen aus eigentlich nahe liegenden Entwicklungstrends zu ziehen.

In der vorliegenden Untersuchung wird der Begriff *Sicherheit* auf den „Schutz nationalstaatlicher (oder gemeinsamer) Interessen gegen Gewalt von außen" bezogen. Sicherheit ist somit ein Zustand der internationalen Lage, in dem ein Land nicht von auswärtiger Gewalt bedroht wird und dessen Interessen nicht durch unkontrollierte Risiken beeinträchtigt werden. „Absolute" Sicherheit kann es natürlich nicht geben; vielmehr geht es um die Beherrschung und Minimierung von Risiken. Die Abwehr von und die Vorbeugung gegen Gewalt stellt die zentrale Aufgabe von Sicherheitspolitik dar. Im Kern geht es also um den Schutz der territorialen *und strukturellen* Integrität Deutschlands, d.h. seiner politischen Selbstbestimmung sowie der wirtschaftlichen und sozialen Stabilität, gegen Gewalt von außen.

Der Begriff „Gewalt" kann nicht in jedem Fall mit „physischer Gewalt" gleichgesetzt werden. Gleichzeitig muss für den Zweck dieser Studie nicht so weit gegangen werden, wie dies J. Galtung mit seinem Begriff der „strukturellen Gewalt" vorschlägt. Seinem Ansatz zufolge liegt Gewalt dann vor, wenn die *potenzielle* „Realisierung" (von Menschen, Ideen etc.) größer ist als die *aktuelle*. Gleichwohl stellt sich die Frage, ob ein Hackerangriff gegen die Computersysteme eines Landes als „physische Gewalt" bezeichnet werden soll. Da es aber im Zusammenhang mit der hier durchgeführten Analyse des sicherheitspolitischen Umfeldes primär um die Einflüsse für Streitkräfteplanung und die politische Zielsetzung einer Maßnahme und weniger um das Mittel an sich geht, kann eine gewisse definitorische Unklarheit hingenommen werden.

Die nachfolgenden Überlegungen beziehen sich also im Wesentlichen auf diejenige Gewalt, die „traditionell" physischer Natur ist und die auf die Beeinflussung des Staates und seiner Entscheidungsträger gerichtet ist – auch wenn in Zukunft eine vergleichbare Wirkung mit Hilfe anderer Mittel als denen der physischen Gewalt erzielt werden könnte. Entscheidend für die Betrachtung bleibt die Frage, ob staatliche Organe handeln und reagieren müssen, da die territoriale oder strukturelle Integrität aufgrund eines von außen gesteuerten Einwirkens gefährdet ist.

Unstrittig ist, dass sich die äußere Bedrohung der Sicherheit eines Landes und seiner Bevölkerung auch und gerade in Form eines Angriffs auf die innere Sicherheit manifestieren kann. Innere und äußere Sicherheit können sehr nahe bei einander liegen.

Die Verteidigung eines Landes ist stets eine gesamtstaatliche Aufgabe und nicht allein diejenige eines Ressorts.

Für eine vertiefte Auseinandersetzung mit dem so genannten „erweiterten Sicherheitsbegriff" sei auf den Anhang verwiesen. In jedem Fall gilt: Einem erweiterten Verständnis von Sicherheit entspricht ein erweitertes Verständnis von Verteidigung. Was bedeutet also heute und in Zukunft Verteidigung?

Im Falle eines terroristischen Anschlages mit biologischen Waffen auf eine Kaserne in Deutschland ist gegenwärtig vermutlich zunächst die lokale Feuerwehr zuständig, anschließend gegebenenfalls das Gesundheitsministerium.[3] Hackerangriffe gegen die Informationsinfrastruktur unseres Landes fallen in den Zuständigkeitsbereich des Innenministeriums. Ein möglicher Einsatz beispielsweise von Laserwaffen gegen Sensoren der Galileo-Satelliten, einem geplanten europäischen satellitengestützten Positionsbestimmungssystem (vergleichbar dem amerikanischen GPS), fiele dann folgerichtig in den Zuständigkeitsbereich der Verkehrsminister. Nach einem in der Zukunft eventuell erfolgten umfassenden „outsourcing" maßgeblicher Fähigkeiten aus den Streitkräften an zivile, kommerzielle Firmen und einer Nichtbeachtung einer Konzentration bzw. Monopolbildung ist nicht auszuschließen, dass ein Drittland, ein Konzern oder ein reicher Terrorist die Firma aufkauft und sie im entscheidenden Moment, wenn die Bundeswehr diese Fähigkeit benötigt, schließt. Wäre zur „Abwehr" gegen diese Art der „Firmenaufkaufstrategie" als modernem Mittel der Kriegführung das Wirtschaftsministerium zuständig?

Piraterie wird zunehmen und wieder in Mode kommen und die „Entführungsindustrie" florieren. Wird sich der Staat für die Sicherheit der unter deutscher Flagge fahrenden Schiffe und der im Ausland tätigen Firmen zuständig erklären und auf das Engste mit den Regierungen der Regionen zusammenarbeiten? Oder werden Firmen und Konzerne – analog zur Beschäftigung von Sicherheitsdiensten zum Schutze ihrer Betriebsstätten im Inland – eigene Streitkräfte aufstellen, sich zu Sicherheitskartellen zusammenschließen sowie den Schutz ihres Personals und ihrer Sachwerte selbst übernehmen? Was heißt dies für die zukünftige Rolle und die Verantwortung des Staates, wenn er Kompetenzen in einem zentralen Bereich seines Selbstverständnisses abtritt?

Die genannten Beispiele verdeutlichen, dass die gesamtstaatliche Aufgabe der Verteidigung über ein Ressort und das Erfordernis der Abstimmung und Zusammenarbeit in interministeriellen Arbeits- und Expertengruppen weit hinaus geht.

Die Verteidigungsstrategie eines Landes muss daher „aus einem Guss" sein, und deren Konzeptionierung und Durchführungsverantwortung gehören offenkundig in den Zuständigkeitsbereich des Bundeskanzlers (oder wer auch immer die Verantwortung für die Sicherheit der Bürger und die Entscheidungskompetenz in Zukunft letztlich hat).

Eine Vielzahl von Parametern beeinflusst das sicherheitspolitische Umfeld und damit die Rolle und Bedeutung von Streitkräften sowie deren Aufgaben im Rahmen der gesamtstaatlichen Verteidigung.

So wie sich Sicherheitsvorsorge und Konfliktprävention nicht allein auf militärische Mittel stützen darf, so wird auch die Konfliktaustragung seitens eines möglichen Gegners nicht notwendigerweise mit militärischen Mitteln erfolgen.

Deutschland muss sich folgerichtig auf alles einstellen, was aus Sicht eines möglichen Gegners in irgendeiner Art und Weise dazu geeignet ist, politische Ziele gegenüber Deutschland durchzusetzen.

Natürlich wird für Deutschland die zivile Krisenprävention im Vordergrund stehen. Die Erfahrungen zeigen jedoch, dass die Dringlichkeit präventiver Maßnahmen oftmals nicht erkannt wird, dort, wo sie erkannt wird, die entsprechenden Maßnahmen nur selten genutzt werden und dann, wenn sie genutzt werden, diese immer noch versagen können.

Die Gründe für das kontinuierliche Versagen (des zeitgerechten Ergreifens) konfliktpräventiver Maßnahmen sind vielschichtig und sollen hier nicht näher untersucht werden; der empirische Befund ist allerdings so eindeutig wie das Fehlen erkennbarer Ansätze einer Änderung dieses bedauerlichen Sachverhaltes.

Politik – zumindest in Demokratien – ist vermutlich zu kurzfristig angelegt und die Liste politischer Prioritäten stets zu umfassend, als dass langfristig orientierte Maßnahmen in der Außenpolitik zeitgerecht ergriffen werden könnten. Oftmals sind sich die Partnerländer auch nicht einig in der Bewertung.

Zahlreiche Entwicklungen können einen Einfluss auf die Art und Weise haben, wie Gesellschaften Krieg führen bzw. den Willen eines Gegners beeinflussen müssen, um ihre eigenen Interessen durchzusetzen – und dies ist es, worum es beim Krieg gemeinhin geht.

Zu diesen Entwicklungsfaktoren gehören beispielsweise

- Handelsströme,
- Kommunikationswege und informationstechnologische Verbindungen,
- Kapitaltransferwege und -muster,
- Energieabhängigkeiten,
- Reiserouten und Tourismus sowie
- kulturelle Dynamik und Ein- bzw. Auswanderungstrends.

Lineare Trendextrapolationen zur Vorhersage über 30 Jahre hinweg helfen – wie eingangs erwähnt – kaum weiter.

Plausible Szenarien für das sicherheitspolitische Umfeld des Jahres 2030 zu konstruieren, ist vergleichsweise einfach. Zu begründen, warum es nicht genauso gut völlig anders sein könnte, ist allerdings weitaus schwieriger.

Dies hängt nicht nur mit grundsätzlichen Entwicklungsunsicherheiten zusammen, sondern auch damit, dass die Betrachtung und Extrapolation einzelner Trends nicht sehr viel über das Verhalten staatlicher Akteure in 30 Jahren aussagen. Vielmehr gilt es, grundlegende strategische Interessen und Konfliktmuster, d.h. mögliche Konfliktgegenstände, sicherheitspolitische Akteure sowie Art und Formen von Konfliktaustragungen zu bestimmen und hierdurch zu aussagefähigen Annahmen für eine zukunftsgerichtete Streitkräfteplanung zu gelangen.

Zu jedem gegebenen Zeitpunkt tendiert man offenkundig dazu, Absichtserklärungen, Beschlüsse oder auch eingeleitete Maßnahmen bereits mit deren Realisierung und mit den möglichen Ergebnissen zu verwechseln. Stets wird man Begründungen dafür finden, warum es in Zukunft anders sein wird als früher, und beispielsweise die Integration Europas weiter voranschreiten werde.

Ob aber nun der historische Zeitpunkt erreicht ist, an dem sich die beschlossene Sicherheits- und Verteidigungspolitik Europas wirklich realisieren lässt und das Projekt nicht das gleiche Schicksal erleidet wie die „Europäische Verteidigungsgemeinschaft“ (EVG) im Jahre 1954, kann heute nicht zweifelsfrei festgestellt werden.

Die Entwicklungen bleiben offen, zumal nicht ermittelbar ist, zu welchem Zeitpunkt in der Geschichte man sich vor einer Umbruchsphase befindet und in welcher nicht. Kaum eine Prognose hätte 1988 vorausgesagt, was nur wenige

Jahre später Realität sein sollte – hierauf wurde bereits verwiesen.

Zur Illustration möglicher zukünftiger Welten werden im folgenden Kapitel zunächst vier sehr allgemein gehaltene Szenarien für das Jahr 2030 skizziert. Sie sind nicht das Ergebnis einer Extrapolation vorhandener Trends, sondern stellen einen „Zeitsprung" in das Jahr 2030 dar. Zwei Szenarien beziehen sich auf zwei unterschiedliche „Europas" und zwei weitere Szenarien haben das sicherheitspolitische Umfeld Europas zum Gegenstand. Alle vier Szenarien bewegen sich im Rahmen einer plausiblen Spannbreite an Entwicklungsoptionen. Jeweils beide Szenariokategorien, Europa und sein Umfeld, können in beliebiger Art und Weise sowohl querschnittlich miteinander kombiniert als auch innerhalb einer Szenariokategorie in jeder „Mischform" betrachtet werden. Sie dienen der Veranschaulichung zukünftig möglicher Welten und unterscheiden sich hierbei weitgehend, ohne jedoch „Extremszenarien" darzustellen.

Ziel dieser „Gedankenübung" ist es, der Tendenz vorzubeugen, bestehende Lagen und gewohnte Vorstellungen einfach fortzuschreiben.

Ein Europa, in dem Madrid wichtiger und einflussreicher sein wird als Paris, ist gegenwärtig nicht erkennbar – und doch vorstellbar. China als Nah-Mittel-Ost-Macht mit Militärstützpunkten in der Mittelmeerregion stellt gleichfalls das gewohnte Chinabild als Macht im Fernen Osten in Frage.

Von zahlreichen Trends ist nicht klar, ob sie anhalten. Sicherheitspolitisch zu betrachten sind jedoch grundsätzlich alle Entwicklungen, die die Sicherheit des Landes beinträchtigen und nicht nahezu vollkommen ausgeschlossen werden können.

Die in vorliegender Untersuchung getroffenen Annahmen über mögliche Entwicklungen und Risiken müssen daher hier nicht verifiziert, sondern müssten vielmehr von Kriti-

kern falsifiziert werden, bevor sie aus dem sicherheitspolitischen Kalkül genommen werden könnten.

Alle größeren, nicht völlig auszuschließenden Risiken müssen somit betrachtet, sicherheitspolitisch erfasst und durch Sicherheitsvorsorge abgedeckt werden. Dies erfolgt zumeist, ohne ihre tatsächliche Wahrscheinlichkeit zu betrachten, da diese im Zusammenhang zumindest mit existenziellen Risiken nicht von übergeordneter Relevanz ist. Sind die möglichen Schadensfolgen eines Ereignisses und einer Gefahr entsprechend groß, ist das Risiko auch dann hoch, wenn dessen Eintrittswahrscheinlichkeit gering ist – Risiko ist stets das Produkt aus Schadensumfang und Eintrittswahrscheinlichkeit. Im innerstaatlichen Bereich des Versicherungswesens erscheint dies dem Zeitgenossen oftmals einleuchtender als im Rahmen der Sicherheitspolitik und der internationalen Beziehungen.

Die im Rahmen dieser Untersuchung betrachteten Einflussfaktoren auf das sicherheitspolitische Umfeld werden also nicht primär im Hinblick auf ihre Entwicklungsvorhersagbarkeit untersucht, sondern vielmehr im Sinne der eingangs beschriebenen Sensitivitätsbetrachtungen bewertet. Vor diesem Hintergrund folgt eine knappe Darstellung ausgewählter politischer Akteure in wichtigen Weltregionen sowie spezifischer Risiken und Herausforderungen für Deutschland. Zusammenfassend werden daraufhin noch einmal diejenigen Entwicklungsfaktoren hervorgehoben, die das strategische Umfeld für Deutschland im Jahre 2030 maßgeblich beeinflussen dürften. Entscheidend hierbei ist ihre Relevanz für die Streitkräfteplanung und die Abhängigkeit der Planung von zutreffenden oder nicht zutreffenden Annahmen. Herausgearbeitet werden müssen in diesem Zusammenhang insbesondere diejenigen Streitkräftefähigkeiten, die *in jedem Fall* benötigt werden – ungeachtet der Frage, welchen konkreten Verlauf die Entwicklungen nehmen.

Mit einigen Folgerungen für die Rolle und Bedeutung der Bundeswehr zu Beginn des neuen Jahrtausends wird die vorliegende Untersuchung enden.[4]

2 Das zukünftige Europa und sein sicherheitspolitisches Umfeld – Vier illustrative Szenarien für das Jahr 2030[5]

2.1 Europa im Jahre 2030 – Zwei Szenarien

Es gibt Gründe für die Annahme, dass sich die bestehenden Sicherheitsarrangements nicht über die nächsten 30 Jahre unverändert fortschreiben lassen: Zum einen besteht die Möglichkeit bzw. Gefahr, dass die USA nicht dazu bereit sein könnten, die europäische Sicherheit im derzeitigen Maße oder zu den bisherigen explizit festgelegten bzw. implizit geltenden Bedingungen zu garantieren. Ein zumindest graduelles *Disengagement* könnte das Ergebnis einer wohl überlegten strategischen Entscheidung sein oder durch innenpolitische Zwänge zustande kommen. In jedem Fall ist davon auszugehen, dass Europa bzw. einzelne Staaten zukünftig in höherem Maße zur gemeinsamen transatlantischen Sicherheit beitragen müssen, um das amerikanische Engagement in Europa zu bewahren. Dies setzt sowohl einen größeren Beitrag der Europäer zur eigenen Verteidigung als auch einen größeren Beitrag Europas bei der gemeinsamen Bewältigung von Krisen im globalen Rahmen voraus.

Zum anderen wird die Europäische Union – nicht zuletzt aufgrund der anstehenden Erweiterung – *als Ganzes* kaum dazu in der Lage sein, gemeinsame Streitkräfte aufzustellen. Vermutlich wird es daher auf einen Kern von Mitgliedsländern ankommen, in engstmöglicher Zusammenarbeit auf dem Gebiet der Sicherheit und Verteidigung weitgehend für den eigenen und gemeinsamen Schutz zu sorgen. Gleichzeitig wird sich „das Gesicht Europas" vor dem Hintergrund weitreichender ökonomischer Anpassungserfordernisse („Globalisierung") und demographischer Veränderungen wandeln. Was dies für die Kohärenz bestehender Arrangements bedeutet, ist nicht klar.

Die folgenden zwei Szenarien stellen zwei grundlegende Entwicklungsoptionen der Europäischen Union dar. Es geht hierbei – wie eingangs erläutert – um einen Sprung in die Zukunft und zunächst nicht um eine lineare Fortschreibung der heutigen Situation. Der Verweis auf bestehende Beschlüsse der EU, hinter deren Weiterentwicklungs- bzw. Integrations*absicht* angeblich nicht zurückgegangen werden könne, wird hier nicht akzeptiert. Auch die Europäische Verteidigungsgemeinschaft (EVG) war einmal beschlossene Sache und scheiterte dennoch – wie bereits angemerkt. Welche Aussichten bestehen konkret, dass nationale Parlamente die Entscheidung über und die politische Verantwortung für den Einsatz von Streitkräften und damit über Leben und Tod der eigenen Soldaten an andere Gremien abgeben, kann und soll hier nicht bewertet werden. Aber in letzter Konsequenz muss ein europäischer Präsident bzw. ein europäisches Parlament über den Einsatz europäischer Streitkräfte entscheiden – und dies setzt die Existenz einer neuen, demokratisch legitimierten, die Verfassungen der europäischen Mitgliedsstaaten zumindest in zentralen Bereichen außer Kraft setzenden Entität voraus.

In einem späteren Kapitel wird zu prüfen sein, inwieweit sich beide EU-Entwicklungsszenarien auf die Streitkräfteplanung auswirken könnten.

2.1.1 Szenario I: Die Vereinigten Regionen Europas

Vereinigte Regionen von Europa (VRE) im Jahre 2030:

Der Nationalstaat des 19. Jahrhunderts wurde bereits seit vielen Jahren als zu klein zur Lösung zukünftiger grenzübergreifender und internationaler Herausforderungen angesehen: Umweltverschmutzung, Flüchtlingsströme, organisiertes Verbrechen, internationaler Drogenhandel und Terrorismus, Weiterverbreitung von Massenvernichtungswaffen und ihrer Trägersysteme – keines dieser Probleme macht an nationalen Grenzen halt. Gleichzeitig galt in den Augen vieler jedoch auch, dass bereits der Nationalstaat als Einheit der Identifikation der Bürger zu groß war. Man war in erster Linie Katalane, Schotte oder Bayer und erst in zweiter Linie Spanier, Brite oder Deutscher. Die Idee des Europas der Regionen gewann an Attraktivität.

Europa legte sich ein Zwei-Kammer-System zu und wählt den Präsidenten der Vereinigten Regionen von Europa direkt. Neue Informationstechnologien und ein schnelleres Internet, moderne Simulationsverfahren und multinationale Meinungsbildungsprozesse unterstützen komplexe Entscheidungsverfahren sowohl unter Einbeziehung von Expertenwissen als auch einer stärkeren Abstützung auf Elemente direkter Demokratie.

Mehr und mehr Mitgliedsländer der EU traten dem Schengener Abkommen bei. Offene Binnengrenzen erforderten jedoch zwingend eine gemeinsame Politik an den Außengrenzen. Darüber hinaus wurde den Bürgern der EU-Staaten durch die gemeinsame Währung zunehmend deutlich, dass die Verteidigung eines gemeinsamen Wirtschafts- und Lebensraumes nicht länger dem Nationalstaat überlassen werden kann. Für einen Bayern wurde es genauso selbstverständlich, die Lombardei oder Marseille zu verteidigen wie Schleswig-Holstein oder Düsseldorf.

Der Prozess, der zu den VRE führte, war kein einfacher. Alle Staaten mussten nationale Befindlichkeiten zurückstellen. Staaten mit zentralistischer Tradition, allen voran Frankreich, mussten lernen, dass das politisch-konstitutionelle Modell der VRE mehr mit dem amerikanischen, dem deutschen oder dem Schweizer Modell zu tun hatte, als mit einem zentral organisierten Staat. Die wichtigsten Elemente lassen sich mit dezentral, subsidiär, antiprotektionistisch, dem freien Welthandel verpflichtet umschreiben. Englisch wurde zur einzigen offiziellen europäischen Arbeitssprache. (Die durch den Wegfall der Übersetzungs- und Dolmetscherdienste eingesparten Milliarden Euro sind der Stärkung der Hochtechnologiebasis und der Verteidigung zugute gekommen.)

Aber auch für andere Staaten, insbesondere für Deutschland, galt es, viel zu lernen. Die Vereinigten Regionen von Europa repräsentieren nun eine Militärmacht – auch eine Nuklearmacht, eine Interventionsmacht und ein Exporteur hochwertiger Rüstungsgüter –, auch wenn sich die Deutschen mit dieser Entwicklung zunächst schwer taten. Es wurde jedoch klar, dass es ein vereinigtes Europa mit Frankreich und Großbritannien nur geben würde, wenn die Sicherheit für alle Länder nicht abnimmt und das gesamte Spektrum außenpolitischer Instrumentarien zur Verfügung stünde. Am deutschen

Wesen wollten die alten europäischen Demokratien nicht genesen, und dies betraf auch andere nationale Sonderwege Deutschlands wie den Ausstieg aus der Kernenergie oder besonders strenge Umweltschutzauflagen. Die „kleine Globalisierung“ in Europa und der damit verbundene Standortwettbewerb trug maßgeblich zu diesem Klärungsprozess bei.

Die Vereinigten Regionen von Europa haben inzwischen davon Abstand genommen, die „Industrien“ des 19. Jahrhunderts – Bergbau, Stahlverarbeitung, Landwirtschaft – mit Milliardenbeträgen zu subventionieren. Man setzt auf Hochtechnologie und anwendungsorientierte Forschung, holt die besten Wissenschaftler und Techniker der Welt nach Europa, setzt auf Einwanderung und verbringt – nicht zuletzt aufgrund der geringeren Lebenshaltungskosten – sein Alter in den angrenzenden Regionen Nordafrikas oder Osteuropas (so wie viele US-Bürger ihr Alter in Mexiko verbringen werden).

Das „traditionelle“ Spannungsverhältnis zwischen Erweiterung und Vertiefung der EU ist einem flexiblen Verfahren gewichen, das eine individuelle Einbeziehung der unterschiedlichen Bereiche verschiedener Kandidaten ermöglicht.

Die VRE sind keine abgeschottete, protektionistische Region. Sie bilden einen Schwerpunkt im Rahmen global vernetzter Strukturen und unterhalten mit den USA eine strategische Allianz; der rivalisierende Gedanke ist dem partnerschaftlichen endgültig gewichen.

2.1.2 Szenario II: Das Europa vielfältiger Allianzen zwischen Nationalstaaten

Europa im Jahre 2030:

Die Europäische Union in der heutigen Form wird diesem Szenario zufolge im Jahre 2030 an Bedeutung verloren haben. Das alte EU-Modell wurde zugunsten einer neuen, regionalen und dynamischen Struktur innerhalb einer global vernetzten Welt aufgegeben. Die EU entwickelte sich zum lockeren Bündnis mit zahlreichen bilateralen Sonderverhältnissen, regionalen Zusammenschlüssen ohne visionäre, ideologische Überfrachtung. Ambitionierte supranationale Vorstellungen in Richtung Vereinigter Staaten oder Regionen von Europa haben sich nicht realisieren lassen. Erweiterung und Vertiefung waren nicht parallel verfolgbar; die Nationalstaaten und die nationalen Parlamente behielten zentrale Souveränitätsmerkmale. Einige Staaten kultivierten zunächst protektionistische Ideen für den EU-Wirtschaftsraum mit dem Effekt, dass andere Staaten sich diesem Ansinnen rasch entzogen und eigene Wege in Richtung Globalisierung gingen. Die EU wurde letztlich darauf beschränkt, einige allgemeine rechtliche und finanzpolitische Regeln für die Mitgliedsstaaten aufzustellen und es den einzelnen Regionen zu überlassen, sich mit Verve in den globalen Wettbewerb einzubringen.

Wie sieht es in den USA im Jahre 2030 aus? Die Dynamik der US-Wirtschaft führte zu einer Globalisierung amerikanischer Wirtschaftsvorstellungen und trieb den Wandel praktisch aller Gesellschaften in der Welt weiter voran. Zahlreiche ethnische Gruppen unterhalten lockere Bindungen an die USA als Nationalstaat. Die Vereinigten Staaten von Amerika nahmen immer mehr den Charakter eines fragmentierten Imperiums mit den unterschiedlichsten ethnischen Wurzeln an. Kulturelle Netzwerke gewannen an Bedeutung und verbanden die verschiedenen Regionen in der Welt mit den USA. Die USA sind allerdings in drastisch geringerem Maße dazu in der Lage, ihre weltweiten Interessen – und diejenigen des Westens insgesamt – militärisch zu schützen. Sie treten weniger imperial, hegemonial oder unilateral, sondern vielmehr als ein *primus inter pares* auf und haben zusammen mit regionalen Verbündeten mehr oder weniger geschickt vernetzte Strukturen aufgebaut und genutzt. Nur als „networking power" sind die USA dazu in der Lage, eine Führungsrolle zu beanspruchen und auszufüllen.

Zurück zu Europa: Spanisch wurde zur zweitwichtigsten europäischen Sprache globalen Charakters; innerhalb Europas ist es – ungeachtet der gemeinsamen Arbeitssprache Englisch – Deutsch. Enge Verbindungen Spaniens nach Lateinamerika und den zunehmend hispanisierten USA (bis zu 30% der Bevölkerung der USA könnten im Jahre 2030 sogenannte *Hispanics* sein) definieren die globale Präsenz Europas maßgeblich über Spanien. Madrid hatte früher und nachdrücklicher als Paris auf die globale, neue Wirtschaft gesetzt, es entstand eine neue transkontinentale hispanische Entwicklungszone hoher Dynamik. Madrid übt jedoch nicht so sehr im Sinne klassischer geostrategischer Machtpolitik Einfluss aus, sondern vielmehr über seine wirtschaftlichen und kulturellen Verbindungen im Rahmen der globalisierten Weltwirtschaft.

Madrid wurde so zu einem Schrittmacher im Rahmen der neuen Weltwirtschaft. Im Gegensatz hierzu stand sich die französische politische Klasse zunächst selbst im Wege; eine Klasse, die die Zeichen der Zeit nicht erkannte und Frankreichs Rolle in einer Welt nicht konstruktiv zu definieren in der Lage war – eine Welt, die nicht französisch sprach, die sich nicht an der französischen Kultur orientierte, die mehr als 35 Stunden in der Woche arbeitete und am Machterhalt kommunistischer Gewerkschaftsfunktionäre kein Interesse hatte, die in globale Pensionsfonds investiert und die schlicht keine Rücksicht auf die Befindlichkeiten der *Grande Nation* nahm.

Nach einer Phase der Verwirrung wandelte sich Frankreich, ohne dass es zu einer Revolution kam (nicht selbstverständlich in der französischen Geschichte). Die französischen Geschäftsleute, die sich an den globalen Märkten orientieren und auf die „neue Wirtschaft" ausgerichtet sind, lösten die traditionelle politische Elite ab. Dies bot die Chance, dass Frankreich selbst aktiv zum Wandel Europas beitrug, bedeutete je-

Szenario 2030: Europa

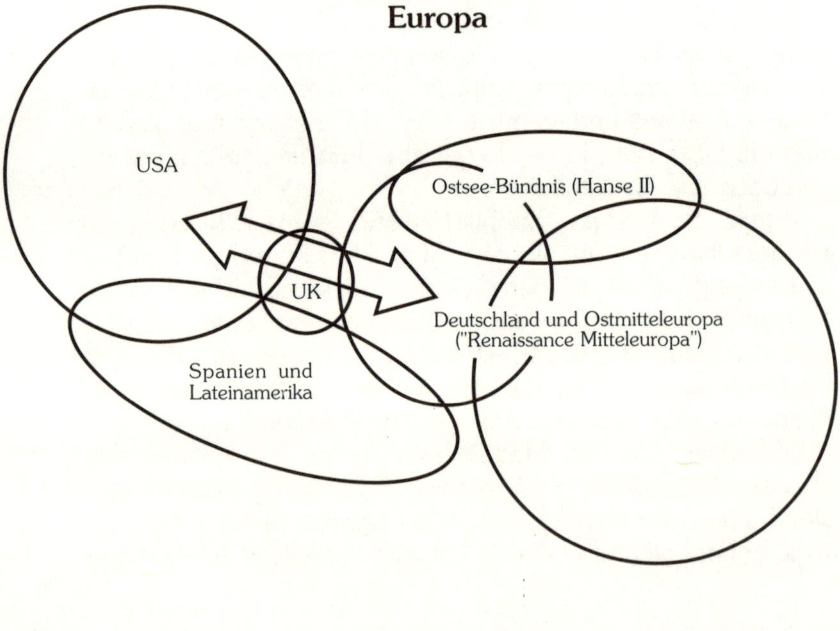

doch nicht, dass Frankreich seine ursprüngliche Bedeutung im Rahmen des deutsch-französischen Verhältnisses und der inzwischen neu definierten EU wiedergewinnen konnte.
Deutschland konnte

- durch eine bereits gegen Ende des vorigen Jahrhunderts beginnende Neuausrichtung weg von Paris und hin zu London,
- durch eine klare Priorisierung der deutsch-amerikanischen Beziehungen,
- durch Akzeptanz eines neuen Staatsbürgerrechts und die Idee einer konsequenten Einwanderungspolitik,
- durch eine Anfang dieses Jahrhunderts allmählich greifende Haushaltskonsolidierung sowie
- durch eine Politik, die zwar die EU als gemeinsamen europäischen Handlungsrahmen in der globalisierten Wirtschaft, nicht aber als Schicksalsgemeinschaft zur Einbindung deutscher Macht in ein europäisches Gebilde akzeptiert,
- durch eine weitreichende Reform seiner Streitkräfte und
- durch eine Neustrukturierung seiner Entscheidungsverfahren im Zusammenhang mit Krisenmanagement und Streitkräfteeinsätzen sowie letztlich auch
- dadurch, dass es gelungen ist, in personeller Hinsicht strategische Kompetenz zu entwickeln,

an außenpolitischem Gewicht gewinnen. Sprachliche und andere kulturelle Bindungen legten im Rahmen der Verknüpfung verschiedener Netzwerke eine maßgebliche Bindungs- und Gestaltungskraft Deutschlands in Richtung Ostmittel- und Nordeuropa nahe. Vom „neuen Berlin“ wurde eine führende Rolle bei der „Renaissance Mitteleuropas“ und der Schaffung einer „Hanse II“ gefordert.

Deutschland unterhält besonders enge Verbindungen zu Madrid und zu London und wirkte hierdurch an der Umgestaltung Europas hin zu einer globalen Wirtschaftsmacht – bestehend aus einer Vielzahl regionaler Kompetenzzentren – mit. Gleichzeitig konnten die transatlantische Verbindung enger gehalten werden als dies vermutlich im Verbund mit Frankreich möglich gewesen wäre. Der „Umweg“ über eine protektionistische Stärkung europäischer Wirtschaft wurde vermieden durch

- eine konsequente Öffnung der Märkte,
- eine Ausrichtung eigener Kompetenzfelder weg von der Landwirtschaft hin zu Hochtechnologiebereichen,
- Zurückdrängen gewerkschaftlicher Machtausübung und
- Förderung selbständiger und freiberuflicher Tätigkeiten in vernetzten Strukturen,
- die Stärkung des Ausbildungssystems,
- die Förderung der Dezentralisierung und Subsidiarität,
- die Ausbildung in Englisch als Arbeitssprache
- bei gleichzeitiger Pflege des Deutschen als Element kultureller Verbindungen mit dem Osten Europas.

Als Stabilitätsanker und zur Erweiterung deutschen Handlungsspielraums (ohne gleichzeitig Deutschlands Nachbarn zu beunruhigen) blieb eine enge deutsch-amerikanische Bindung von zentraler Bedeutung für Sicherheit und Stabilität in Europa. Da aus deutscher Sicht das Interesse an einem Bündnis mit der stärksten Militärmacht der Erde, der wirtschaftlichen und technologischen Führungsmacht USA, aus politischen, wirtschaftlichen und kulturellen Gründen auf der Hand lag, musste Deutschland die Voraussetzungen dafür schaffen, dass auch das Interesse der USA an diesem engen Bündnis mit Deutschland und an europäischer Sicherheit generell erhalten blieb.

2.2 Das sicherheitspolitische Umfeld Europas im Jahre 2030 – Zwei Szenarien

Welche Aussichten bestehen, dass sich Europa im Jahre 2030 in einem vergleichsweise friedlichen sicherheitspolitischen Umfeld befindet? Die Annahme eines friedlichen, harmonischen Zusammenlebens einer großen Weltbevölkerungsmehrheit mit einer kleinen westlichen Minderheit setzt voraus, dass sich zahlreiche Völker grundlegend anders – und wesentlich freundlicher und friedfertiger – verhalten, als es „der Westen“ über Jahrhunderte hinweg gegenüber diesen Völkern getan hat.

Wenn es neben dem Missionieren etwas gab, was „der Westen“ in seiner Geschichte besonders „gut“ konnte, war es das Führen von Kriegen. Die gesamte Weltordnung, auch die bestehende Ordnung der Vereinten Nationen, die Wirtschaftsordnung der G-7/G-8, alles dies ist offenkundig keine islamisch-fundamentalistische und keine chinesische Weltord nung, sondern eine zutiefst westlich geprägte. Sie war zum Teil das Ergebnis von Kriegen, entsprang oftmals auch einer Mischung aus idealistischen Motiven und wirtschaftlichen Vorteilen, und es bleibt abzuwarten, ob dies alle anderen Kulturkreise auf Dauer zu akzeptieren bereit sind.

Eine Erkenntnis liegt jedoch auf der Hand: Wenn Nordamerika und Europa im Jahre 2030 einen noch kleineren Teil der Weltbevölkerung repräsentieren, dann sollte die auf westlichen Wertvorstellungen beruhende und nach westlichen Wirtschaftsinteressen funktionierende globale Weltordnung auf fairem Interessenausgleich beruhen *und* militärisch abgesichert sein. Der letztere Gesichtspunkt ist deswegen so wichtig, weil anderenfalls aufgrund der allgemeinen Verbreitung und Verfügbarkeit von Technologien und dem Wissen zur Herstellung von Massenvernichtungswaffen keine Gründe erkennbar sind, warum nicht einige entschlossene Staaten die globale Ordnung herausfordern oder erschüttern sollten.

Parallel zur allgemeinen Demokratisierung der Welt – wenn dies denn wirklich so konstatiert werden kann – werden auch die Bedrohungsmöglichkeiten durch Staaten und andere Akteure „demokratisiert". Mit anderen Worten: Die Möglichkeit zur militärischen Drohung bleibt nicht länger nur einer kleinen Gruppe großer Staaten vorbehalten, sondern jedes auch noch so kleine Land wird selbst große Länder in einem Maße bedrohen können, wie es über Jahrhunderte hinweg nur umgekehrt der Fall war. Es darf angenommen werden, dass diese „Demokratisierung" der Bedrohung nicht das war, was die Anhänger einer globalen Demokratisierung mit ihren Postulaten im Hinterkopf hatten.

Zahlreiche nicht-westliche Länder waren über Jahrhunderte hinweg Objekt westlicher Interventionen. Demnächst verfügen sie über die technologischen Mittel, den Westen vor Interventionen abzuschrecken und ihn massiv zu bedrohen. Werden sie ihren neu gewonnenen Handlungsspielraum dazu nutzen, gegen den Westen vorzugehen? Einige historische Beispiele für das frühere westliche Auftreten in der Welt mögen veranschaulichen, was gemeint ist.

Der Wunsch Englands im 19. Jahrhundert, die Einfuhr begehrter chinesischer Waren, wie beispielsweise Tee, mit Opium zu bezahlen, stieß chinesischerseits nicht auf Begeisterung, nachdem deutlich wurde, welche Auswirkungen dies auf die Bevölkerung hatte. Die Weigerung Chinas, diese devisensparenden Maßnahmen Englands länger hinzunehmen, führte zum Opiumkrieg, den China verlor. Man stelle sich vor, chinesische Frachter, randvoll mit Opium, würden in den Häfen Londons, Hamburgs oder San Franciscos anlanden, westliche Zollgrenzbeamten beschlagnahmten die Ladung und China zöge daraufhin gegen die entsprechenden Länder in den Krieg.

Ein Eichhörnchen konnte früher von Südspanien bis in die Pyrenäen hüpfen, ohne den Boden berühren zu müssen – derart bewaldet war Spanien. Dann wurde die Armada gebaut, und dies führte zu nachhaltigen Umweltveränderungen (und diese wiederum dazu, dass Spanien zu einem beliebten Urlaubsland wurde). Warum sollte eine brasilianische Regierung auf die Abholzung und wirtschaftliche Nutzung der Regenwälder verzichten, nur weil ein Europa (und ein Nordamerika), das sich über Jahrhunderte nie um die Umwelt gekümmert hat, nun, da es reich ist, seine Liebe zum Klima entdeckt hat und sich (berechtigte) Sorgen um die Umwelt macht? Brasilien könnte doch, dies wäre nicht mehr als recht und billig, für jeden Baum, der nicht abgeholzt wird, eine entsprechende Nutzungsausfallgebühr vom Westen/Norden verlangen.

Nachdem zentralamerikanische Länder über viele Jahre die hinsichtlich Krümmungswinkel und Farbschattierung EU-genormte Banane gezüchtet haben – nicht zuletzt auf Drängen und mit Hilfe der Europäer, damit deren Markt nicht mit Drogen überschwemmt wird –, erhöhte die EU ihre Einfuhrzölle auf zentralamerikanische Bananen, damit Frankreich seine beileibe nicht so wohlschmeckenden Bananen aus den eigenen Überseeprovinzen besser absetzen kann.[6] Der Verweis auf das Lomé-Abkommen, dem zufolge einige afrikanische, karibische und pazifische Staaten von der EU beim Import bevorzugt werden, ist natürlich berechtigt. Paradoxerweise führt er aber nicht dazu, dass man das Abkommen aufkündigt und freien Wettbewerb zulässt. Vielmehr werden die zentralamerikanischen Länder vor den Kopf gestoßen und hätten – legt man europäische Maßstäbe, die über Jahrhunderte gegolten haben, an – allen Grund dazu, der EU den Krieg zu erklären. Dies erscheint natürlich angesichts der militärischen Kräfteverhältnisse nicht ratsam; daher eine Alternativmöglichkeit: Warum bauen die zentralamerikanischen Länder nicht wieder Drogen an und überschwemmen damit den europäischen Markt? Schließlich müssen sie irgendetwas exportieren und wenn die Europäer ihre Bananen nicht wollen, könnte man doch Drogen verkaufen.

Die Beispiele verdeutlichen: Man kann nur hoffen, dass diese Länder sich in Zukunft nicht so verhalten, wie es Europäer über lange Zeit taten – und teilweise noch zu tun pflegen.

Der „Westen" hat stets seine Interessen – oftmals mit militärischer Macht – durchgesetzt, allein die Ziele, Zwecke und Begründungen unterlagen dem Wandel. Waren es mal Kreuzzüge oder Landnahmen, mal Zugang zu Rohstoffen, Absatzmärkten oder Sklaven, sind es in jüngster Zeit „humanitäre Interventionen". Der Zeitgeist ändert sich und mit ihm die jeweils modische Begründung. Aus Sicht der nicht-westlichen Welt ist allerdings zu befürchten, dass der Westen auch in den nächsten 30 Jahren intervenieren wird – und für die betroffenen Länder gilt es, dies zu verhindern.[7]

Nach Clausewitz heißt Krieg führen, dem Gegner den Willen aufzuzwingen. Wenn nicht-westliche Länder im Rahmen eines mit „klassischen" Mitteln ausgetragenen konventionellen Krieges kaum eine Chance gegen „den Westen" haben, dann führen sie den Krieg in Zukunft eben unkonventionell. Nicht Irrationalität und Wahnsinn sind demnach die Hauptmotive für die Bestrebungen einiger nicht-westlicher Länder, sich Massenvernichtungswaffen und Trägersysteme zuzulegen, sondern zweckrationales Verhalten. Diese Mittel sind in hohem Maße dazu geeignet, den Westen von einer Intervention abzuschrecken. Auf dieses Thema wird noch ausführlich einzugehen sein.

Vor dem Hintergrund dieser Überlegungen wird deutlich, dass es erheblicher Anstrengungen bedarf, um Verfahren und Institutionen friedlicher Streitschlichtung zu entwickeln, in deren Rahmen es zu einem fairen Interessenausgleich kommen muss. Die folgenden zwei Szenarien skizzieren zum einen eine Welt des Jahres 2030, in der dies weitgehend gelingt, und zum anderen eine Welt, in der militärisch ausgetragene Konflikte weiterhin ein wesentlicher Bestandteil des internationalen Systems sind.

2.2.1 Szenario I: Ein vergleichsweise friedliches internationales Umfeld

Die Annahme, dass die Welt des Jahres 2030 ein friedlicher(er) Platz sein wird, gründet sich auf eine starke Triebkraft, die nicht einfach ignoriert werden kann: das gesunde Eigeninteresse des Menschen an wirtschaftlich-materiellem Erfolg in einem gewaltlosen Umfeld. Die Nutzung der Möglichkeiten der globalen „neuen Wirtschaft" steht jedem Land, selbst denjenigen mit bislang noch nicht wettbewerbsfähigen Infrastrukturen, offen. Innovative kleine Softwarefirmen haben oftmals nach kurzer Zeit eine höhere Börsenkapitalisierung als alteingesessene Großfirmen mit riesigem Anlagekapital. Grundlagen dieses Szenarios sind keineswegs der Idealismus eines Wilson gepaart mit Globalisierungseuphorie („Weltdorf"). Daher ist die Realisierung dieser Annahmen auch nicht von Ideen wie der Schaffung einer Weltregierung abhängig. Auch bedarf es keiner Regime- oder Institutionalismustheorien, um die Abnahme von Gewalt in internationalen Beziehungen zu erklären.

Regime wie beispielsweise das Trägertechnologiekontrollregime (MTCR) haben etwas mit Regeln zu tun. Wenn die Regeln verletzt werden, dann hat dies zumeist keine dramatischen Folgen für den Regelverletzer. Man kodifiziert üblicherweise in lockerer, nicht bindender Weise diejenigen allgemeinen Absichten, die momentan oder unter bestimmten Voraussetzungen interessant erscheinen. Sanktionen für die Nichteinhaltung der im Rahmen des Regimes vereinbarten Regeln sind selten vorgesehen, und wären sie vorgesehen, käme das Regime vermutlich gar nicht erst zustande. Was eigentlich erforderlich wäre, ist der Zusammenschluss von Akteuren auf der Basis eines wohl definierten Eigeninteresses und mit der Absicht, dieses Interesse erfolgsorientiert durchzusetzen. Der Ausdruck „Kartell" trifft auf diese Vorgehensweise vermutlich am ehesten zu. „Regime" sind etwas für freundliche Diplomaten, „Kartelle" sind etwas für knallharte Geschäftsleute und nüchterne Realpolitiker. Wer gegen die Interessen des Kartells verstößt, hat mit massiven Nachteilen bis hin zum Ausschluss und dem Entzug aller Gemeinschaftsvorteile oder anderen Strafmaßnahmen zu rechnen.

Es ist davon auszugehen, dass eher Institutionen in der Art von Sicherheitskartellen – vermutlich Nationalstaaten im Rahmen eines Bündnisses – benötigt werden, um mit Entschlossenheit die Durchsetzung der Regeln (oder besser: des Eigeninteresses) zu betreiben. Ein globales, verletzliches, vernetztes, komplexes Gebilde wie die weltweite neue Wirtschaft bedarf eher eines größeren militärischen Schutzes – auch im Rahmen einer weitgehend friedlichen Weltordnung – als bisher wahrgenommen. Falls Staaten zum Schutz der globalen Vernetzung sowie der Handels- und Kommunikationswege nicht in der Lage sein sollten, müssten diese Aufgaben vermutlich von globalen Firmen selbst bzw. industriellen Sicherheitskartellen wahrgenommen werden.

Wie könnte ein weitgehend friedliches sicherheitspolitisches Umfeld im Jahre 2030 aussehen?

Szenario 2030:
Bündnisse/Partnerschaftsverhältnisse

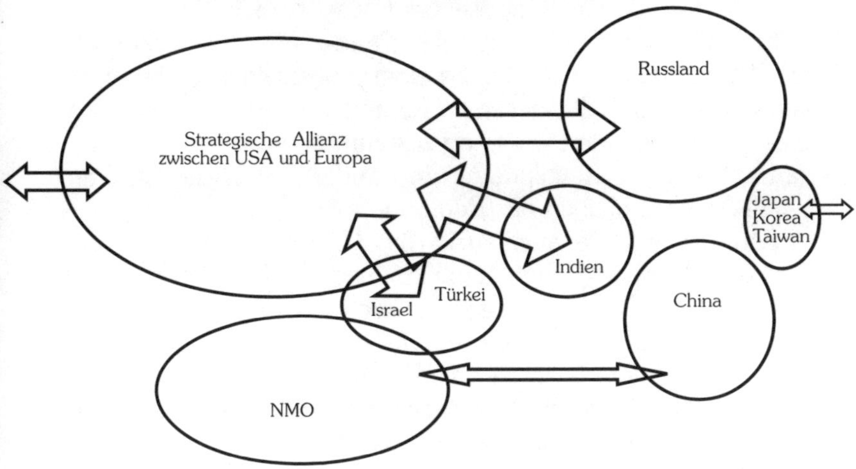

Russland nimmt an der globalen Wirtschaft teil und verhält sich partnerschaftlich und kooperativ gegenüber dem Westen. Moskau hat erkannt, dass drei seiner vermutlich wichtigsten Sicherheitsinteressen, die Eindämmung Chinas und die Eindämmung seiner islamisch-fundamentalistischen Peripherie im Süden sowie – langfristig – die Eindämmung eines zukünftigen, nuklear bewaffneten Großpersiens, vom Westen geteilt werden.

Chinas Bemühen um eine globale Rolle wird dem Interesse an Wohlstand durch friedliche wirtschaftliche Aktivitäten sowie der Bereitschaft zu einem allgemeinen Interessenausgleich untergeordnet.

Indien verhält sich gleichfalls konstruktiv gegenüber dem Westen und ist aktiv in die Weltwirtschaft eingebunden. Es hat einen kaufkräftigen, ständig wachsenden Mittelstand in der Größe der Gesamteinwohnerzahl der USA, baut seine Stellung als Land mit der größten Softwareindustrie der Welt aus und gehört zu den führenden Hochtechnologienationen. Eine strategische Allianz mit der größten Demokratie der Welt erscheint aus westlicher Sicht auch und gerade unter sicherheitspolitischen Gesichtspunkten eines Gegengewichts zu China geboten. Deutschland, das keine Flugzeugträgerverbände in den Indischen Ozean oder das Chinesische Meer entsenden kann, hat bis zum Jahre 2030 die politisch-diplomatische Zusammenarbeit mit Indien zur Schaffung einer asiatischen Machtbalance konsequent ausgebaut.

In Nah-Mittel-Ost kommt der Friedensprozess weiter voran; Israel und die Türkei üben einen konstruktiv-stabilisierenden Einfluss auf die gesamte Region aus und arbeiten mit Westeuropa und den USA eng zusammen. Umstürze und fundamentalistische Revolutionen in Ländern wie Ägypten oder Saudi-Arabien bleiben der Region erspart.

Zentralasien, wo auch weiterhin Unruhe herrschen wird, wird von Russland, China, den USA und der Türkei erfolgreich eingedämmt. Das gemeinsame Interesse, es nicht zuzulassen, dass sich Konflikte über die unmittelbar angrenzende Region hinaus ausbreiten, bestimmt die Politik der Großmächte.

Insgesamt überwiegt die partnerschaftliche Zusammenarbeit in den meisten Regionen der Welt.

Die Vereinigten Staaten von Amerika und die mehr oder weniger Vereinigten Staaten/Regionen von Europa – bzw. mehrere Schlüsselstaaten (z. B.: das strategische Dreieck London-Madrid-Berlin) – bilden eine strategische Allianz zur Gestaltung des internationalen Umfeldes insbesondere in Form der Vereinbarung globaler Regeln und Verfahren sowie der Bereitstellung entsprechender Mittel zum Schutze dieses globalen Systems.

Deutschland wird in einem solchen vergleichsweise friedlichen Umfeld entweder in ein föderales Europa eingebunden oder Teil eines globalen Netzes mit regionalen Schwerpunkten sein. Im ersten Fall würde die wirtschaftliche und kulturelle Entwicklung zu einer Vertiefung der EU-Integration mit einem starken Kern führen. Deutschland hätte als Nationalstaat seinen – oder die Regionen (im Falle Deutschlands die Bundesländer) ihren – Beitrag im Rahmen der Europäischen Union zu leisten. Im zweiten Fall würde sich die Globalisierung der Wirtschaft beschleunigen und Deutschland Bestandteil eines „globalen neuronalen Netzes" bestehend aus Informationstechnologien, Kommunikationsverbindungen und den Merkmalen der „neuen Wirtschaft" werden. Die Sicherheitserfordernisse, zu denen auch Deutschland seinen Teil beizutragen hätte, umfassen eine ganze Bandbreite an neuen Instrumenten und Verfahren, um im Rahmen multinationaler Sicherheitskonsortien bzw. -kartelle oder aber auch globaler Organisationen das weltweite Netzwerk zu schützen. Die Fähigkeit zu offensiven und defensiven Informationsoperationen gehört beispielsweise zu diesen erforderlichen Instrumenten.

So wie auch eine vergleichsweise friedliche Gesellschaft sowohl auf innenpolitische Konfliktlösungsmechanismen als auch auf den Schutz durch Polizei angewiesen ist, darf im Zusammenhang mit der Darstellung einer friedlicheren Welt nicht übersehen werden, dass die Weltordnung immanent fragil ist und die Netzwerke verwundbar sind. Der militärische Schutz dieser Ordnung und die Durchsetzung des Rechts könnte sich als umfassendere und militärisch anspruchsvollere Aufgabe erweisen als der Erhalt „klassischer Machtbalancen" und das Führen „konventioneller Kriege". Die neue, insgesamt friedlichere Welt benötigt dennoch die Beiträge zu Nichtweiterverbreitungskartellen, zur globalen Netzsicherheit, zur Abwehr von Terror und Piraterie, zum Schutz globaler Handelsorganisationen etc.

2.2.2 Szenario II: Ein sicherheitspolitisches Umfeld mit großen Risiken und Bedrohungen

Die Europäische Union, in welcher weiterentwickelten Form auch immer, oder ein aus traditionellen Allianzen und Verbindungen zwischen Nationalstaaten bestehendes Europa mit kulturell-regionalen Schwerpunkten sieht sich im Jahre 2030 vielfältigen Risiken und Bedrohungen ausgesetzt.

Eines der größten Risiken für Deutschland besteht in der Erosion westlicher Allianzen, insbesondere des deutsch-amerikanischen Verhältnisses. Selbst der europäische Einigungsprozess, der eine der höchsten Prioritäten auf der außenpolitischen Agenda Deutschlands genießt, könnte – was nicht wünschenswert ist – stagnieren, ohne dass Deutschlands zentrale Sicherheitsinteressen zwangsläufig vital berührt wären. Es gibt ein Leben ohne ein vollkommen integriertes Europa. Der jetzige Zustand ist zwar nicht sonderlich befriedigend und Stillstand bei der Einigung kann auch Rückschritt bedeuten; aber von letztlich entscheidender Bedeutung sind die globale Vernetzung mit der Welt, die außen- und sicherheitspolitische Handlungsfähigkeit sowie die Sicherstellung einer strategischen Allianz mit den USA. Eine Abkehr der USA von Deutschland hätte potenziell weitaus dramatischere Auswirkungen auf die deutsche Sicherheitslage als eine Stagnation des europäischen Integrationsprozesses oder eine Abkühlung im deutsch-französischen Verhältnis – ungeachtet der Tatsache, dass letztere Entwicklung zutiefst bedauerlich wäre und nicht im Interesse beider Länder läge.

Deutschland steht somit vor der schwierigen Aufgabe, die größte Militärmacht der Welt, die USA, an sich zu binden und mithin in Europa engagiert zu halten, obwohl die relative Macht und Überlegenheit der Vereinigten Staaten von Amerika sowohl infolge der Technologiediffusion (einschließlich der Proliferation von Massenvernichtungsmitteln und Trägersystemen), dem Auftreten neuer Machtzentren (Indien, China) als auch aufgrund innenpolitischer Entwicklungen in den USA vermutlich abnehmen werden.

Betrachtet man die Welt im Jahre 2030 unter der Annahme sicherheitspolitisch negativer Entwicklungen, dann könnte sich folgendes Bild ergeben:

Szenario 2030: Mögliche Risiken/Bedrohungen

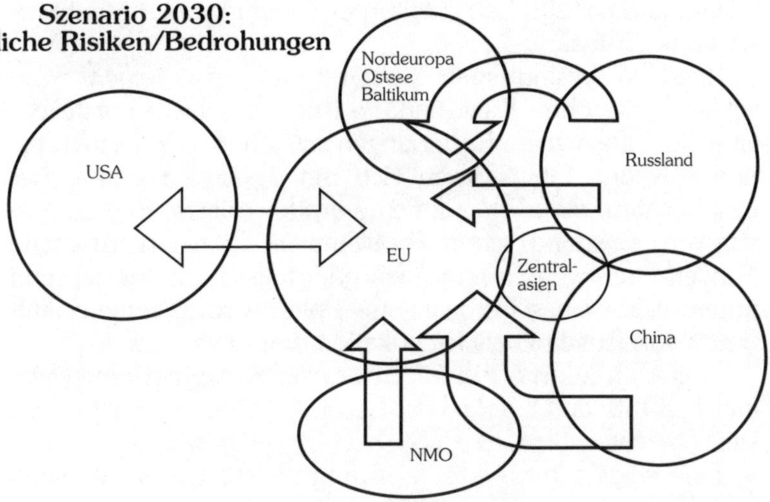

Die strategische Rolle der USA in Europa erodiert diesem Szenario zufolge; die Bedeutung der NATO wird auf die eines Debattierclubs reduziert, da man sich in ihrem Rahmen nicht dazu entschließen kann, angesichts begrenzter Herausforderungen gemeinsam zu handeln; die weitere Vertiefung der EU stagniert; es kommt zu Rebilateralisierungen und regionalen Zusammenschlüssen.

In Teilen Europas (z.B. Balkan) und in der Peripherie (z.B. Kaukasus) kommt es zu weiteren ethno-nationalistischen Konflikten; Instabilitäten und Flüchtlingsströme konfrontieren Europa mit unliebsamen Entscheidungen; in der Nah-Mittel-Ost-Region treten neue/alte Großmächte auf (Persien), oftmals in Verbindung mit erheblichen militärischen Potenzialen und einer notorisch geringen Neigung, sich westlichen Ordnungsvorstellungen unterzuordnen (Irak, Libyen etc.).

China, seit vielen Jahren Nettoimporteur von Energie, tritt nicht nur auf den Weltenergiemärkten als Käufer auf, der mit Technologie und Waffen bezahlt, sondern errichtet zur Sicherung seiner Zugänge zu den maßgeblichen Welterdölreserven eine Militärbasis in Nah-Mittel-Ost. China hatte bereits in der Zeit des Kalten Krieges eine Basis in Europa, und zwar eine ideologische – nämlich in Albanien. Diese Zeit ist allerdings vorbei. Falls China sich dafür entscheiden sollte, einen militärischen Stützpunkt im Maghreb oder in der Levante mit Kernwaffen und ballistischen Flugkörpern auszurüsten, hätte Europa seine „Kubakrise".

Russland besinnt sich verstärkt auf seine eigene Geschichte, die ohne Kiew und die Rus nur schwer vorstellbar ist. Die informellen Beziehungen zwischen der Ostukraine und Russland intensivieren sich mit der Folge erheblicher Instabilitäten, die auch auf die gesamte westliche Region ausstrahlen. Russland schürt Probleme im Baltikum (russische Minderheiten werden angeblich oder tatsächlich verfolgt und unterdrückt); ein selbstbewusstes Polen wird in seinem Auftreten von Russland als Provokation empfunden.

Weiterhin könnte das internationale Sicherheitsumfeld im Jahre 2030 durch folgende Besonderheiten charakterisiert sein:

- Eine religiös inspirierte Terrorgruppe ist zu der Auffassung gelangt, dass es zu viele Menschen gibt und bringt einen tödlichen Mikroorganismus in Umlauf. Eine bislang nicht bekannte Seuche breitet sich in Teilen Europas aus.
- Die Entführung von Geschäftsleuten und Touristen gehört inzwischen zu einer festen Einnahmequelle von Banditen und Piraten.
- Hackern ist es gelungen, maßgebliche Bereiche westlicher Informationsinfrastruktur lahm zu legen.
- Einem Land ist es gelungen, mit Hilfe von Hochenergielasern europäische Satelliten auszuschalten.
- Jedes Land, zum Teil auch jeder nicht-staatliche Akteur, wird – wenn der Wunsch danach besteht – über Massenvernichtungswaffen verfügen können. Aufgrund eindrucksvoller Fähigkeiten zur asymmetrischen Kriegführung besitzen zahlreiche Länder ein erhebliches Abschreckungs- und Drohpotenzial gegenüber dem Westen.

So viel zu einem pessimistischen Szenario, das – ungeachtet seiner Wahrscheinlichkeit – nicht völlig ausgeschlossen werden kann. Auf die konkreten möglichen Auswirkungen auf Deutschland wird im Rahmen des Abschnitts „Risiken und Herausforderungen für Deutschland" eingegangen.

3 Sicherheitspolitische Entwicklungstrends – Eine bewertende Analyse

3.1 Sicherheitspolitische Entwicklungsfaktoren – Welche Parameter beeinflussen die Zukunft?

Eine interessante, anschauliche und übersichtliche Perspektive der Zukunft im 21. Jahrhundert bietet „The Macmillan Atlas of the Future".[8] In diesem Werk werden verschiedene Entwicklungsbereiche von der Zukunft der Erde, der Menschen, der Ressourcen, der Kommunikation, der Globalisierung sowie von unbekannten, zukünftigen Entwicklungen wie Nanotechnologien und der Eroberung des Weltraums dargestellt.

Eine Betrachtung der Zukunft der Erde umfasst die Dimension des Weltraums und seiner Eroberung, das Erfordernis, sich gegenüber Asteroiden, die mit der Erde kollidieren können, zu schützen, die Untersuchung möglicher Erdbeben und Vulkanausbrüche, der Erwärmung der Atmosphäre und damit der Gefahr eines Anstieges der Wasserstände oder auch der Perspektive einer neuen Eiszeit sowie der Veränderungen der Ozonschicht.

Die Zukunft der Menschheit wird ebenfalls beleuchtet. Hierzu werden die Bevölkerungsentwicklung und die Lebenserwartung, das mögliche Aufkommen infektiöser Krankheiten durch gegenüber den bekannten Gegenmitteln weitgehend resistente „Supererreger" und die durch die modernen Lebensgewohnheiten verursachten Erkrankungen betrachtet. Durch die globale Erwärmung und durch eine Verschiebung der warmen Klimazonen in Richtung Norden könnte Europa in immer stärkerem Maße von bislang eigentlich nur in Tropenzonen auftretenden Infektionskrankheiten betroffen sein. Weiterhin werden Entwicklungen im Bereich der Hochtechnologiemedizin, einschließlich der künstlichen Herstellung von Körperteilen sowie neuer Wege der Zeugung und anderer Reproduktionsverfahren, berücksichtigt und außerdem die dramatischen Fortschritte bei der künstlichen Intelligenz (Superrechner, Roboter, Androiden) in die Vorhersagen einbezogen.

Ein weiterer Bereich, der für die Zukunft von höchster Relevanz ist, ist die Ressourcenlage. Hier sind die Entwicklung des Waldbestandes und der Artenvielfalt, der Süßwasserverfügbarkeit, der Nahrungs- und Futtermittellage, der Fischbestände und der Energie zu nennen.

Bedeutsam für die Zukunft der Menschen sind auch die Kommunikationsverbindungen. Die Welt wird vernetzter, per Kabel und per Satellit, mit dem Internet als besonderem Kapitel, die Medienpräsenz, vor allem in den Bereichen Multikanal- und interaktives Fernsehen nimmt zu, der Standort und die Bewegung zunehmend vieler Menschen wird nahezu kontinuierlich überwachbar sein, und schließlich wird der Verkehr erhebliche Wachstumsraten verzeichnen.

Die Globalisierung ist bereits heutzutage ein Merkmal der Realität. Sie wird sich noch beschleunigen und nahezu alle Lebensbereiche erfassen. Auf weltweite Orientierung stehen die Zeichen beim Tourismus, in der Arbeitswelt, die verstärkt durch Teilzeitarbeit, Selbständigkeit oder Tätigkeiten in der Schattenwirtschaft gekennzeichnet sein wird, sowie im Geschäftsleben, in dem zunehmend transnationale Firmen auf der Suche nach immer größeren Märkten, günstigen Ressourcen und Arbeitskräften sein werden. Die Volkswirtschaften entwickeln sich in Richtung eines globalen, einheitlichen Marktes für Arbeit, Produktion, Handel und Finanzen. Das menschliche Leben wird sich verstärkt in Megastädten abspielen, wobei frühere Prognosen über das Wachstum der Städte aufgrund dramatischer Fortschritte bei Kommunikation und Transportwesen sowie dem anstehenden Wandel in der Industrie (virtuelle Firmen, vernetzte Computerarbeitsplätze) leicht nach unten korrigiert werden müssen. Telekommunikation und Charakteristika der Informationsgesellschaft werden den Druck auf nicht-demokratische Gesellschaften erhöhen; gleichzeitig könnten die infrastrukturell verwundbaren demokratischen Regime aufgrund des Zwanges zum eigenen Schutz und den zunehmenden technischen Fähigkeiten der Überwachung versucht sein, liberale Bürgerrechte partiell zu beschneiden. Die Vereinten Nationen können sich, wenn ihre Rolle und ihr Einfluss steigen sollte, in zwei Richtungen entwickeln: In einem Fall hätten sie die Kompetenz, globale Polizeiaufgaben unter Rückgriff auf eigene Truppen durchzuführen, und im anderen Fall werden sie eher eine Dachorganisation für zahlreiche regionale Sicherheitsgruppierungen darstellen.

Die militärischen Fähigkeiten werden die Verfügbarkeit von Massenvernichtungs- und, partiell, Hochtechnologiewaffen umfassen und nicht nur Staaten zur Verfügung stehen, sondern auch großen Konzernen, Terrorgruppen oder einzelnen Personen. Die Streitkräfte (zumindest der reicheren Staaten) können sich (zumindest zum Teil) aus Cybersoldaten und Robotersoldaten zusammensetzen, wobei letztere teilweise so klein wie Insekten sein und vom Cybersoldaten in großen Schwärmen eingesetzt werden könnten. Der Cybersoldat bewegt sich in einem umfassenden Schutzanzug, kann dank moderner Arzneimittel ohne Furcht und Stress und mit weitaus geringerer Anfälligkeit gegen Hitze, Kälte etc. sowie dank Einbindung in ein weltumspannendes Informationssystem und durch die Ausstattung mit Nachtsichtgeräten etc. überlegen operieren.

Interessante „unbekannte Größen" stellen die Nanotechnologie, ihre Nutzanwendung und ihre Folgen,[9] sowie die Eroberung des Weltraums dar.

So viel zu einer Welt, wie sie sich einige Zukunftsforscher vorstellen. Ein Problem mit der überwiegenden Zahl von Veröffentlichungen zum Thema „fernere Zukunft" besteht darin – hierauf wurde bereits hingewiesen –, dass aus der Projektion sich gegenwärtig abzeichnender Trends für sich genommen nur sehr begrenzt Folgerungen für das Verhalten von Staaten oder die Sicherheitswahrnehmung von Schlüsselakteuren in der Zukunft gezogen werden können.

Zur Beschreibung derjenigen internationalen Entwicklungen am Beginn des dritten Jahrtausends, die strategische Rahmenbedingungen für den Einsatz von Streitkräften konstituieren, erschien eine Abhandlung folgender Themen zweckmäßig; in ihren kommen die bislang genannten Faktoren vor:

- Die Entwicklung der Rolle und Bedeutung militärischer Macht in internationalen Beziehungen,
- die Entwicklung der Staatenwelt bzw. des internationalen Systems,

- die Entwicklung des Völkerrechts und des Kriegsvölkerrechts,
- die Globalisierung von Wirtschaft und Finanzen,
- die Entwicklung einer globalen Zivilisation,
- die Entwicklung von Idealen und Ideologien,
- zukünftige Bevölkerungs- und Umweltprobleme,
- rüstungstechnologische Entwicklungen sowie
- zukünftige Formen militärischer Auseinandersetzungen.

In den folgenden Abschnitten werden die wahrscheinlichen Entwicklungen in diesen Themenbereichen dargestellt. Letztlich geht es darum, die Bedingungen für den Einsatz von Streitkräften und die Rolle militärischer Macht in den nächsten drei Dekaden zu beschreiben und hieraus Folgerungen für die Streitkräfteplanung der nächsten Jahre zu ziehen. Hierzu werden zunächst globale und regionale Trends und Entwicklungen dargestellt, die die Handlungsfreiheit und die Optionen politischer Akteure beeinflussen und/oder relevante Risiken verursachen bzw. begünstigen könnten.

3.2 Zur Rolle militärischer Macht in internationalen Beziehungen

3.2.1 Kräfte und Mittel

Unter der Bedingung einer nicht vollständigen Interessenkongruenz zwischen außenpolitischen Akteuren unterschiedlicher Nationen sind Wirkung und Einfluss stets gleichbedeutend mit dem Produkt aus den Fähigkeiten eines Landes und dem Willen seiner politischen Führung, diese Fähigkeiten mittelbar oder unmittelbar einzusetzen. Fähigkeiten, d.h. Mittel, Kräfte und Methoden, sowie die (innere und äußere) Handlungsfreiheit, konstituieren Macht. Zweck in diesem Zusammenhang ist die Einflussnahme zur Durchsetzung eigener Interessen.

Sicherheitspolitik konzentriert sich auf die Anwendung von Macht im internationalen Bereich mit dem Ziel der Abwehr von Gewalt. Hieraus leiten sich folgende Grundforderungen an das außenpolitische Instrumentarium ab: die Fähigkeit zur permanenten und vollständigen Risikoerfassung, zur zeit- und lagegerechten Krisenvorbeugung, die Fähigkeit zur rechtzeitigen, angemessenen, nachdrücklichen und nachhaltigen Reaktion sowie zur internationalen Kooperation. Erforderlich ist ferner die Fähigkeit, das gesamte Instrumentarium des Staates koordiniert nach einem einheitlichen Konzept einzusetzen.

Das Instrumentarium des Staates umfasst militärische und nicht-militärische Mittel. Zu letzteren zählen die diplomatischen, wirtschaftlichen, finanziellen und polizeilichen Machtmittel. Sie werden im Rahmen beispielsweise von Bündnispolitik, Kreditvergabe, Subventionen, Entwicklungshilfe, Embargos oder Grenzkontrollen genutzt.

Allerdings muss man sehen, dass das wirtschaftspolitische Instrumentarium des Nationalstaates in Zeiten der Globalisierung zunehmend an Wirkung verliert. Dazu trägt auch der steigende Einfluss der Nichtregierungsorganisationen („Non-Governmental Organizations", NGOs) bei. So entsteht die prekäre Situation, dass Wirtschaft und Handel die Durchsetzungskraft der Nationalstaaten mindern, damit aber gleichzeitig den – bislang und auf absehbare Zeit – einzigen Garanten der internationalen Spielregeln schwächen, ohne die Wirtschaft und Handel selbst nicht funktionieren können: nämlich den Nationalstaat. Das kann zu einem gefährlichen Gemisch internationaler Interessenkonflikte führen, das zweifellos auch sicherheitspolitische Auswirkungen haben wird.

Das militärische Instrument ist im gesamten Bereich der Sicherheitspolitik vertreten, allerdings in unterschiedlichen Dosierungen. Das Aufgabenspektrum reicht von humanitärer Hilfe über Friedensschaffung bis zur Abwehr einer militärischen Aggression (unterschiedlichen Grades). Der Einsatz von Streitkräften ist stets eine Angelegenheit *sui generis*. Streitkräfte sind und bleiben primär ein Element der Gewalt (auch zur Anwendung von Gegengewalt). Wer Streitkräfte einsetzt, muss sich auch durchsetzen wollen.

Der Charakter des Einsatzes von Streitkräften ist die kontrollierte Anwendung von Gewalt mit dem Ziel, dem Gegner den eigenen Willen aufzuzwingen, erforderlichenfalls mit dem Mittel der physischen Vernichtung. Die Entwicklung „schonender Wirksysteme", d.h. nicht-tödlicher Waffen („non-lethal weapons“), wird an diesem Tatbestand nichts Grundlegendes ändern. Ein Gegner wird sich ohnehin nicht zwangsläufig auf den Einsatz nicht-tödlicher Waffen beschränken – vielmehr könnte gerade der Einsatz nicht-tödlicher Waffen als Zeichen der Schwäche gedeutet werden. Wer im Übrigen meint, die Möglichkeit des Tötens und des Getötetwerdens nicht akzeptieren zu können, sollte die Verantwortung für den *per definitionem* und *de facto* lebensgefährlichen Einsatz von Soldaten keinesfalls übernehmen.

Auch völkerrechtliche und humanitäre Normen sowie alle anderen Bemühungen, den Krieg und seine Schrecken einzuhegen, treffen auf ihre Grenzen dort, wo auch nur einer der Kontrahenten das Normensystem nicht akzeptiert oder sich von seiner Missachtung entscheidende Vorteile erhofft. Auf diesen Aspekt wird noch ausführlicher eingegangen. Um die Normen durchzusetzen jedenfalls, bedürfte es wiederum der Gewalt in einer Größenordnung, die derjenigen des Normenbrechers überlegen ist.

Weiterhin gilt, dass man sich durch die Weigerung, militärische Macht anzuwenden, ihrer Wirkung durch die bloße Androhung der Gewaltanwendung nicht wird entziehen können. Selbst eine präventive Kapitulation wäre nichts anderes als eine Bestätigung der Wirksamkeit militärischer Überlegenheit.

Blauhelmeinsätze, auf die in jüngster Zeit zunehmend zurückgegriffen wird, verwischen das Problem. Diese und vergleichbare Einsätze bedeuten für die Truppe primär humanitäre und polizeiähnliche Aufgaben. Dabei gilt das Gebot der Zurückhaltung bis hin zur Passivität. Im Hintergrund lauert allerdings stets die Gefahr, dass die Situation in Gewaltakte und Kampfhandlungen ausartet – anderenfalls benötigte man keine Blauhelm-*Soldaten*. Die Soldaten sind jedoch psychologisch in einer schwierigen Rolle – sind sie Helfer oder Kämpfer? Die Politik darf in diesem Zusammenhang nie den Fehler begehen, die humanitären Elemente ohne das andere, das der Gewalt, zu betrachten, da sie anderenfalls politisch und militärisch zum Scheitern verurteilt ist.

Das Problem hierbei ist also, dass der Blauhelm-Soldat *langsam* und *sichtbar* in offenem Gelände vorgeht und seine Reaktion stets *verhältnismäßig* (d.h. zurückhaltend) sein muss. Der Krieger hingegen muss *rasch* und *verdeckt* vorgehen und dies mit zur Not *tödlicher Wirkung* gegen den Feind. Hat ein Soldat auch nur kurze Zeit Zweifel an seiner jeweiligen Rolle, kann dies für ihn tödliche Folgen haben. Es scheint, als ob man politischerseits dem militärischen Instrument einen „humanitären Anstrich" verleihen will, indem man die „Messer stumpf macht". Dies kann unverantwortliche Konsequenzen für die Soldaten haben, die der Politik anvertraut sind. Besser wäre es, die „Klingen scharf zu halten" und dann politisch darüber zu entscheiden, wie und unter welchen Umständen sie eingesetzt werden.

Die gegenwärtige Debatte leidet jedoch nicht nur an einem weit verbreiteten politischen Unverständnis des Charakters des militärischen Instrumentes. Strategie stellt eine Ziel-Mittel-Relation dar, d.h. es werden bestimmte Mittel bestimmten Zielen zugeordnet. Der Einsatz von Streitkräften – oftmals aufgrund von Fernsehbildern nach dem Motto „man muss doch etwas tun" angeordnet – muss im Hinblick auf eine politische Zielsetzung erfolgen und dieser mithin dienen. Dies setzt voraus, dass die politische Führung eine Vorstellung von der bevorzugten bzw. angestrebten Nachkriegsordnung haben muss, die mit Hilfe von Streitkräften herbeigeführt werden soll. Wie sollte die politische Nachkriegsordnung in Somalia oder auf dem Balkan eigentlich aussehen, die man glaubte, „von außen" erzwingen zu können?

3.2.2 Zur allgemeinen Bedeutung militärischer Macht

Die Streitkräfte der Bundesrepublik Deutschland sind Bestandteil der freien, rechtsstaatlichen, demokratischen Gesellschaft und reflektieren deren grundlegende Wertestruktur. Der Einsatz der Bundeswehr unterliegt der politischen Kontrolle und Verantwortung („Primat der Politik"). Streitkräfte sind ein Instrument der Außenpolitik eines Staates – *auch* des demokratischen Rechtsstaates. Den Instrumentalcharakter von Streitkräften zu bestreiten, hieße, militärische Macht aus dem politischen Bezugsrahmen zu lösen. Jedoch unterscheidet sich der Rückgriff auf militärische Gewalt aufgrund seiner unmittelbar zerstörerischen Wirkung durchaus von dem Einsatz anderer außenpolitischer Instrumente. Der Gebrauch militärischer Macht erfordert eine strenge und verantwortungsvolle Abwägung seiner Folgen, *aber auch der möglichen Folgen seines Nichtgebrauchs.*

Weiterhin gilt es zu bedenken, dass nicht-militärische Instrumente der Außenpolitik wie beispielsweise die Außenhandelspolitik und Wirtschaftsbeziehungen ebenfalls katastrophale, mitunter sogar mittelbar tödliche Auswirkungen auf die Bevölkerung eines anderen Landes haben können, so dass sich die besondere Verantwortung beim Umgang mit außenpolitischen Instrumenten generell ergibt. Ein Wirtschaftsboykott trifft in der Regel selten die Machthaber des jeweiligen Landes, sondern vermutlich die Schwächsten in der Gesellschaft. Somit sind die Auswirkungen wirtschaftlicher Blockaden im Extremfall durchaus mit derjenigen eines Massenbombardements gegen Städte, d.h. die Zivilbevölkerung, vergleichbar (der Unterschied besteht darin, dass das Bombardement „erschlägt“, während die Blockade „stranguliert“, das Ziel des Angriffs ist jedoch – ungeachtet seiner Zielsetzung – in beiden Fällen *de facto* die Zivilbevölkerung).

Wirtschaftsboykotte mögen gelegentlich erforderlich bzw. zweckmäßig sein – wobei zum Beispiel gerade im Zusammenhang mit dem Boykott gegen den Irak nicht verschwiegen werden darf, *wer* die politische Verantwortung für die Folgen für die Zivilbevölkerung trägt: nämlich Saddam Hussein. Dennoch ist kaum verständlich, warum wirtschaftliche Machtmittel grundsätzlich als humanitärer angesehen werden als beispielsweise gezielte Waffeneinsätze mit Luftstreitkräften gegen militärische Einrichtungen oder die politische Führung eines Landes, obgleich diese Einsätze einen unvergleichlich geringeren Schaden für die Zivilbevölkerung zur Folge haben dürften.

Die Nutzung militärischer Macht zur Durchsetzung politischer Ziele darf nur unter Würdigung aller Umstände mit der gebotenen Zurückhaltung sowie unter Berücksichtigung der Verhältnismäßigkeit der Mittel in Erwägung gezogen werden. Die oft gehörte Forderung, dass der Einsatz militärischer Macht kein Mittel der Politik sein darf, befindet sich jedoch nicht nur im Widerspruch zur außenpolitischen Praxis nahezu aller Staaten der Welt; sie verurteilt darüber hinaus jede Friedenspolitik zur Ohnmacht. Ob die Nutzung militärischer Macht legitim und moralisch gerechtfertigt erscheint, hängt von der außenpolitischen Zielsetzung des Einsatzes unter Berücksichtigung der o.g. Kriterien und unter Einhaltung allgemein gültiger Normen, z.B. des Kriegsvölkerrechts, ab. Die Kritik am Einsatz von Streitkräften ist somit in den überwiegenden Fällen eine Kritik an der Politik, der die Streitkräfte dienen.

Streitkräfte entfalten ihre Wirkung nicht erst dann, wenn sie tatsächlich zum operativen Einsatz kommen. Bereits die Existenz und die konkreten bzw. vom Gegner wahrgenommenen militärischen Fähigkeiten von Streitkräften können ihren tatsächlichen Einsatz erübrigen. Dennoch ist die Auffassung weit verbreitet, dass ein Einsatz von Streitkräften im Sinne der Nutzung militärischer Macht das Versagen der Politik ausdrückt. Dieser Aussage implizit ist die Ansicht, dass erfolgreiche Politik auf Streitkräfte verzichten könne. Dies ist unter den gegenwärtigen und absehbaren internationalen politischen Rahmenbedingungen völlig unrealistisch und als politisches Postulat daher eher gefährlich.

Die Ansicht, dass der Einsatz von Streitkräften das Versagen oder sogar das Ende der Politik dokumentiere, übersieht die konzeptionelle Einheit von Zweck und Mitteln und führt in mehrfacher Hinsicht in die Irre. So beinhaltet diese Auffassung die Unterstellung, dass der Einsatz von Streitkräften eine *un*politische Aktivität sei. Spätestens seit Clausewitz wird jedoch erkannt, dass der Gebrauch militärischer Macht kein Selbstzweck ist, sondern einer *politischen Zielsetzung* dient und mithin eine zutiefst politische Angelegenheit ist. Der Einsatz von Streitkräften ist eben nicht das Ende der Politik und damit auch keine unpolitische Aktivität, sondern vielmehr die Fortsetzung der Politik unter Einmischung anderer Mittel.

Der Einsatz von Streitkräften umfasst im Übrigen viele Möglichkeiten der Nutzung militärischer Macht und nicht nur den Krieg im allgemein verstandenen Sinne. Bereits Clausewitz verdeutlichte, dass unter Krieg, je nach politischem Zweck, das gesamte Kontinuum des Streitkräfteeinsatzes verstanden werden könne, von der bewaffneten Beobachtung bis zur Vernichtung der gegnerischen Streitkräfte.

Ferner negiert die Auffassung vom Versagen der Politik den politisch zweckmäßigen und legitimen Gebrauch militärischer Macht zur *Unterstützung* der Diplomatie und des Krisenmanagements, in deren Rahmen ein vergleichsweise *früher* und *begrenzter Einsatz* von Streitkräften die Wirkung politischer Maßnahmen unterstreichen und den politischen Handlungsspielraum erhöhen kann. Politisch verantwortet werden müssen nicht nur der Einsatz militärischer Gewalt, sondern auch die Folgen der Weigerung, Streitkräfte einzusetzen. Da beide Optionen, der Einsatz und der Nichteinsatz, einem politischen Zweck zugeordnet sind, muss der Einsatz von Streitkräften nicht notwendigerweise das Versagen der Politik dokumentieren. Vielmehr sind Situationen denkbar, in denen gerade die Unfähigkeit, zu einer Einsatzentscheidung zu kommen, das Versagen der Politik aufzeigt.

Der militärische Einsatz als Versagen der Politik – dieser Standpunkt beruht nicht zuletzt auch auf der Annahme, dass politisch-diplomatische Maßnahmen zunächst eine *wirkliche Chance* hatten, zur Entfaltung und Wirkung zu gelangen. In der politischen Realität hat eine friedliche Konfliktregulierung jedoch in zahlreichen Fällen bereits zu Beginn einer Krise keine wirkliche Aussicht auf Erfolg. Mit Hilfe des Mittels militärischer Gewalt soll auf die Willensbildung des Gegners eingewirkt werden, um Voraussetzungen zu schaffen, die eine politische Lösung des Konfliktes ermöglichen. Gegebenenfalls kann bereits der äußerst begrenzte Einsatz militärischer Macht ausreichend sein, um einen Gegner zum Einlenken zu bewegen. Auch die *mittelbare Wirkung* militärischer Macht auf das außenpolitische Kalkül politischer Entscheidungsträger wird – gerade in Deutschland – vielfach unterschätzt. Diese Wirkung kann abschreckend bzw. abratend oder stabilisierend sein und sich somit als friedenserhaltend bzw. -wiederherstellend erweisen und daher unter bestimmten Bedingungen politisch durchaus erwünscht sein.

Ein ebenfalls unpolitisches Verständnis militärischer Macht kommt in der Gegenüberstellung so genannter „politischer" und „militärischer Lösungen" zum Ausdruck. So wurden beispielsweise im Rahmen des Golf-Konfliktes vielfach „politische Lösungen" mit Hilfe lang anhaltender und umfassender Wirtschaftssanktionen gegenüber dem Irak statt „militärischer Lösungen" gefordert. Was die Befürworter so genannter „politischer Lösungen" meist vergaßen zu erwähnen, ist jedoch die Tatsache, dass die Durchsetzung der Wirtschaftssanktionen nur mit Hilfe der riesigen amerikanischen Militärmaschinerie, die gegenüber dem Irak aufgebaut worden war, möglich gewesen wäre. Somit ging es aus westlicher Sicht nicht um „politische" *statt* „militärischer Lösungen", sondern vielmehr um den *mittelbaren* oder *unmittelbaren Einsatz* militärischer Macht zur Durchsetzung politischer Ziele im Rahmen einer strategisch *defensiven* Zielsetzung.

Die Frage des Einsatzes von Streitkräften bzw. der Fortführung wirtschaftlicher Sanktionen ist nicht zuletzt auch unter Kostengesichtspunkten zu beurteilen. Die Durchhaltefähigkeit eigener Volkswirtschaften gegenüber Lieferengpässen oder Absatzflauten wird hierbei meist das geringste Problem sein. Jedoch ist die militärische Präsenz zur Durchsetzung und Überwachung von Embargos und die wirtschaftliche Kompensation der am meisten betroffenen Partnerländer, die unter den Sanktionen ebenfalls leiden, keinesfalls kostenneutral. Auch politische Kosten gilt es zu berücksichtigen: Die Auswirkungen auf die Bevölkerung des von Sanktionen betroffenen Landes werden von den Machthabern sicherlich zu politischer Propaganda und Anstachelung missbraucht. Die in aller Regel beabsichtigte Wirkung, durch ein Wirtschaftsembargo die innenpolitische Unterstützung des Regimes zu unterminieren, ist daher keineswegs gesichert; wirtschaftliche Sanktionen können auch zu einer Solidarisierung der Bevölkerung mit ihrer Regierung führen (wie natürlich Militäreinsätze ebenfalls).

Festzuhalten bleibt: Es gibt – bis auf ganz wenige Ausnahmen – keine „militärischen Lösungen" als Selbstzweck. Der Einsatz militärischer Gewalt kann immer nur einen *Beitrag* zur politischen Problemlösung leisten. Dieser Beitrag kann jedoch bedeutsam, mitunter sogar entscheidend sein. Zuweilen macht erst die Drohung mit einem Einsatz bzw. der Einsatz militärischer Macht selbst den Weg für politisch akzeptable Lösungen frei. Auch sind Szenarien denkbar, in denen nur der frühzeitige Einsatz militärischer Macht politische Lösungen ermöglicht. Unter Kriterien wie Aufwand, Risiken, Verluste etc. erscheint ein späteres militärisches Eingreifen politisch oft kaum mehr vertretbar.

3.2.3 Einige Anmerkungen zur Rolle militärischer und wirtschaftlicher Macht in internationalen Beziehungen

Ganz in der Tradition einer „Nischenaußenpolitik", in deren Rahmen Symbolismus mehr zählte als Substanz und eine „Worthülsenpolitik" die nachhaltige Schädigung der politischen Kultur in Deutschland bewirkte, wurde ein Gegensatz von Machtpolitik und Verantwortungspolitik konstruiert. Die Gegenüberstellung von Macht und Verantwortung diente einigen Politikern offenbar dazu, ihren Reden eine philosophische Tiefe zu verleihen. Die Unterscheidung Max Webers zwischen Gesinnungsethik und Verantwortungsethik drängt sich hierbei auf. Diese Anlehnung kann jedoch nicht überzeugen, da es Weber um ethische Normen in der Politik ging und nicht um den Ausschluss bestimmter Mittel und Methoden. Er warnte Politiker davor, „sich an romantischen Sensationen [zu] berauschen", und verlangte von ihnen Sachlichkeit, Verantwortlichkeit und Augenmaß. Max Weber wäre der letzte gewesen, das Ende der Machtpolitik zu verkünden.

Der abwertende Gebrauch des Begriffs Machtpolitik sollte vermutlich eine Politik denunzieren, der Macht nicht als Mittel, sondern als Zweck gilt. In der außenpolitischen Praxis von Staaten wird es allerdings schwer sein, eine solche Eigenständigkeit zu entdecken. Staaten streben nicht nach Macht um ihrer selbst willen, aber nahezu jeder Staat nutzt Macht, um sich zu erhalten oder seine Ziele zu erreichen.

Der künstliche Gegensatz von Macht und Verantwortung geht gleich in zweifacher Hinsicht an der Realität vorbei: Als Vision beschwört er eine Welt, die es nicht geben kann, und als Postulat verurteilt er eine Politik zur Ohnmacht, indem er die konzeptionelle Einheit von Zweck und Mitteln bestreitet. Verantwortlichkeit und Augenmaß lassen es gerade nicht zu, und schon gar nicht für ein Land im Zentrum Europas, die Wirkungen der Macht aus dem außenpolitischen Kalkül auszuklammern.

Militärische Macht bleibt ein entscheidender Faktor in der internationalen Politik. Wirtschaftliche Verflechtungen und wechselseitige Abhängigkeiten ändern an diesem Grundtatbestand nichts. Länder, die keinerlei Handelsbeziehungen miteinander haben, führen auch selten Krieg gegeneinander. Wirtschaftliche Interdependenzen erschweren zudem die Konflikteindämmung; eine Abkoppelung von regionalen Konflikten ist kaum möglich. Viele Befürworter der These, dass wechselseitige wirtschaftliche Abhängigkeiten erwünscht und friedensfördernd seien, vertraten während des Golfkonfliktes die gegenteilige Auffassung: so schlugen sie vor, die Abhängigkeiten des Westens vom Erdöl zu reduzieren.

Generell muss die These, dass in der heutigen Zeit „Zivilmacht" einen höheren Einfluss als klassische Militärmacht ausübe, mit größter Vorsicht aufgenommen werden. Als Datenbasis zur Unterfütterung dieser These wird ein geschichtlich extrem kurzer Zeitraum herausgegriffen, so dass Ableitungen hiervon bedenklich erscheinen müssen. Auch vor Ausbruch des Ersten Weltkrieges wurde behauptet, dass es sich aufgrund der wirtschaftlichen Verflechtungen kein Staat mehr leisten könne, Krieg zu führen.

In der Geschichte der Menschheit gab es wiederholt Phasen, in denen der eine, dann wiederum der andere Faktor, d.h. militärische Macht bzw. wirtschaftliche Macht, dominierte. Es ist daher problematisch, aus der gegenwärtigen Zeit nach Ende des Ost-West-Konfliktes die Schlussfolgerung zu ziehen, dass wirtschaftliche oder „zivile" Macht den Ausschlag bei Entscheidungen über Krieg und Frieden geben wird. Weder der Golfkrieg noch der Konflikt im früheren Jugoslawien, weder die militärischen Auseinandersetzungen auf dem Gebiet der früheren Sowjetunion noch das Verhalten Chinas oder Nordkoreas unterstützen die Annahme, dass militärische Macht an Bedeutung eingebüßt hat.

Der Verweis auf Deutschland und Japan als Beispiele für „Zivilmacht" des neuen Typs greift nicht, da sich beide Länder in der privilegierten Position befinden, über eine nukleare und allgemeine Sicherheitsgarantie der stärksten Militärmacht der Erde zu verfügen. Unter dieser Bedingung lässt sich natürlich relativ unbeschwert und fröhlich der Wohlstand mehren. Zunehmend setzt sich – angesichts ballistischer Flugkörper aus Nordkorea – jedoch auch in Japan die Erkenntnis durch, dass Großkonzerne und Großbanken für sich genommen (zumindest bislang) keinen Schutz liefern – im Gegensatz zu Raketenabwehrsystemen und amerikanischen Streitkräften. Sollten jedoch die amerikanischen Schutzgarantien – aus welchen Gründen auch immer – erodieren, ist es keinesfalls undenkbar, dass Japan innerhalb von Wochen zur Nuklearmacht werden könnte[10] – mit erheblichen Rückwirkungen auf die Stabilität der gesamten Region.

Insgesamt muss man den Eindruck gewinnen, dass die These, dass militärische Macht weniger relevant geworden sei, zu kurz greift und sich in einem konfrontativen Verhältnis zur Empirie befindet.

Falls wirtschaftliche Verflechtung wirklich friedensfördernd wirken soll, müssen bestimmte politische Rahmenbedingungen vorliegen, die insgesamt für die erwünschte Wirkung vermutlich eher ausschlaggebend sein dürften als die wirtschaftliche Verflechtung für sich genommen. Letztere ist naturgemäß *innerhalb* eines Staatswesens am engsten, da es sich um *eine* einheitliche Volkswirtschaft handelt. Die wirtschaftliche Verflechtung in der früheren Sowjetunion oder dem früheren Jugoslawien hat jedoch den Frieden in diesen Ländern kaum gefördert; Nationalitätenkonflikte oder ethnische Spannungen ließen sich offenkundig hierdurch nicht auffangen. Für die Annahme, dass sich dies im Außenwirtschaftsverhältnis anders als im Binnenverhältnis gestaltet, gibt es kaum Hinweise.

Nichts deutet darauf hin, dass sich die Rolle militärischer Macht in internationalen Beziehungen grundlegend verändert. Militärische Macht beeinflusst das Risikokalkül politischer Entscheidungsträger; Machtprojektion, die präventive Stationierung von Streitkräften, aber auch der unmittelbare Einsatz militärischer Gewalt zur Durchsetzung politischer Ziele werden weiterhin über das Schicksal von Völkern entscheiden.

3.3 Die Staatenwelt bzw. das internationale System

Das internationale System ist durch gegenläufige Trends gekennzeichnet. Auf der einen Seite stehen Integrationstendenzen wie Globalisierung und Zusammenschlüsse teils zwischenstaatlichen (z.B.: OSZE), teils supranationalen Charakters (z.B.: EU). Auf der anderen Seite gibt es vielfältige Entwicklungen der Fragmentierung, die sich beispielsweise in Abgrenzung, Betonung staatlicher Souveränität oder in ethnischem und kulturellem Separatismus und Nationalismus manifestieren.

Diese gegenläufigen Tendenzen werden in den nächsten Jahrzehnten vermutlich zu einer uneinheitlichen Staatenwelt führen, die der heutigen an Vielfalt kaum nachstehen dürfte. Die gegenwärtige Entwicklung scheint die Bildung weniger regionaler Machtzentren mit Großstaaten als Kernen zu begünstigen, die ihre Einflussbereiche gegeneinander und vor allem gegenüber der „Supermacht" USA und dem „Westen" abgrenzen. An den Schnittstellen der Einflussbereiche und Interessensphären kommt es unweigerlich zu Spannungen bzw. Konflikten, die auf das gesamte multipolare System ausstrahlen.

Daneben bzw. dazwischen wird es weiterhin souveräne Staaten („Nationalstaaten") unterschiedlicher Größenordnung und Stabilität geben, die ihre eigenen Interessen verfolgen, sich teils an die Machtzentren anlehnen, sich teils gegen deren Einfluss wehren und durch Appell an die konkurrierenden Großmächte für weitere Konfliktsituationen sorgen.

Eine Zwischenform bilden regionale Zusammenschlüsse (z.B.: ASEAN, OAS) mit lockerer Kooperation, aber primär einzelstaatlichen Interessenprofilen. Bislang gibt es kaum Hinweise darauf, dass es diesen regionalen Zusammenschlüssen in den nächsten zehn bis 30 Jahren gelingen könnte, an den Integrationsgrad der Europäischen Union selbst des Jahres 2000 heranzukommen.

Der Übergang zum supranationalen Gesamtstaat mit vorwiegend gemeinschaftlich definierten Sicherheitsinteressen dürfte in den nächsten drei Dekaden nur den Europäern (EU) gelingen – wenn überhaupt! Auf zwei grundlegende Entwicklungsmöglichkeiten der Europäischen Union wurde im Rahmen des Kapitels über Szenarien des Jahres 2030 eingegangen.

Internationale Organisationen wie UN oder OSZE haben normenbildende, z.T. auch konfliktschlichtende Funktion, werden aber sicherheitspolitisch unverändert von den Interessen ihrer Mitglieder dominiert. Ein internationales Gewaltmonopol wird es auf absehbare Zeit nicht geben. Die diplomatische Kunst maßgeblicher Akteure wird darin bestehen müssen, die nationalen Interessen zweckgerichtet zu bündeln. Dies wird aller Voraussicht nach nicht immer gelingen. Kaum ein Staat wird sich daher im Hinblick auf seine nationale Sicherheit auf den Schutz durch eine internationale Organisation verlassen. Zu bedenken ist stets, dass inter-*nationale* Zusammenarbeit und Sicherheit *per definitionem* die Existenz von Nationalstaaten voraussetzen.

Nicht-staatliche Gruppen können partiell in die sicherheitspolitischen Beziehungen eingreifen (mittels Wirtschaftsmacht, Medien, Kriminalität, Terror),[11] sind jedoch auf Dauer einer konsequenten Politik staatlicher Akteure nicht gewachsen (vgl. hierzu auch den Abschnitt 3.5 über die „Globalisierung von Wirtschaft und Finanzen"). Dies gilt zumindest für große Staaten, aber auch für kleinere, insbesondere wenn diese zielgerichtet zusammenarbeiten. Wirtschaftsunternehmen, aber auch kriminelle Organisationen und Terroristengruppen haben grundsätzlich einen Firmensitz, ein Ausbildungscamp, ein Hauptquartier oder Ähnliches auf dem Territorium eines Landes. Damit setzen sie sich letztlich dem Zugriff staatlicher Gewalt aus. Eine Regierung, die einer großen Organisation den Handlungsspielraum lässt, eigene Polizei- oder gar Streitkräfte zu unterhalten, gibt sich in letzter Konsequenz auf und setzt sich im Falle internationaler Verwicklungen dem Risiko aus, dass externe Mächte eingreifen.

Die amerikanischen Angriffe gegen Bin Ladens Camp in Afghanistan zeigen, dass die Großmacht USA vor einem Einsatz ihrer Streitkräfte gegen eine Privatperson (!) in einem fremden Land nicht zurückschreckt. Die Angriffe der USA gegen eine Chemiefabrik im Sudan verdeutlichte überdies, dass die amerikanische Regierung gegen Länder vorgeht, die als „Gastgeber" für internationale Terroristen fungieren. Gerade auch in Zukunft wird gelten, dass es sich ein Land genau überlegen muss, Terroristen zu beherbergen; es riskiert, sich mit den USA anzulegen.

Die entscheidenden Akteure in der Sicherheitspolitik werden auch auf absehbare Zeit die Staaten bzw. deren Regierungen bleiben. Dies gilt ungeachtet der Tatsache, dass immer mehr Kriege innere Auseinandersetzungen sind und zahlreiche Konflikte nicht-staatliche Akteure in einem zwischenstaatlichen Umfeld betreffen. Auch bei inneren Auseinandersetzungen geht es zumeist um den Erhalt oder den Erwerb staatlicher Macht, allerdings nutzen Drogenkartelle beispielsweise oftmals Bürgerkriege, nicht um staatliche Macht zu erlangen, sondern um die staatliche Macht zum Zwecke des Geldverdienens zu kontrollieren.

Die Beziehungen im internationalen System entsprechen den divergierenden Strukturen: Einerseits Verflechtung und Interdependenz, andererseits jedoch die Verfolgung nationaler Interessen, die oft kooperativ, immer aber subjektiv definiert werden. Zahlreich verfügbare Mechanismen zur friedlichen Konfliktaustragung werden nicht verhindern, dass immer wieder auch zur Gewalt gegriffen wird. Dies gilt besonders dann, wenn es um vitale Interessen des Staates (subjektiv definiert), Macht- und Existenzfragen oder aber um ideologisch oder ethnisch begründete Ziele geht.

Weitergehende visionäre Postulate (Zivilgesellschaft, Weltinnenpolitik, Gewaltmonopol und Rechtshoheit bei einer supranationalen Weltbehörde usw.) mögen zwar intellektuell reizvoll sein; es gibt jedoch kein substanzielles Anzeichen, dass sie in den nächsten Jahrzehnten auch nur im Ansatz in die Praxis umgesetzt werden könnten. Daher bleiben sie auf absehbare Zeit, was sie sind: Wunschvorstellungen.

Anlässe, Gründe und Ursachen für gewaltsam ausgetragene Konflikte wird es in den nächsten Dekaden, gerade unter den Bedingungen einer multipolaren Globalstruktur, nicht weniger geben als in der Vergangenheit. Es gibt keine realistische, stichhaltige und ausreichende Begründung für eine Prognose, dass die Chancen für eine prophylaktische oder präventive Konfliktverhinderung signifikant größer sein werden als bisher. Dies ist kein Grund, diesbezügliche Anstrengungen zu unterlassen. Dennoch: Gewalt wird ein Mittel in der internationalen Politik bleiben, die Formen werden sich den Möglichkeiten anpassen.

Für die Eindämmung oder Abwehr politisch motivierter Gewaltanwendung gibt es, empirisch gesehen, nur zwei erfolgreiche Methoden, die zusammen ein Ganzes bilden und aufeinander abzustimmen sind: Das Unterlaufen bzw. Abblocken des politischen Zwecks und wirksame Gegengewalt. Für beide Methoden muss das entsprechende Instrumentarium bereitgehalten werden. Das effiziente, militärische Instrument ist daher nur *ein* – aber ein unverzichtbares – Mittel des internationalen Krisen- und Konfliktmanagements.

Die globale Interdependenz hat zur Folge, dass Krisen schnell auch über weite Räume übertragen werden können. Der moderne Begriff der Verteidigung erfährt nicht nur eine inhaltliche, sondern auch eine geographische Erweiterung. Umdenken müssen vor allem Staaten wie Deutschland, die trotz globaler Verflechtung militärische Sicherheit bisher weitgehend im engen regionalen Rahmen definiert haben. Die Sicherheitsinteressen können durch Ereignisse gefährdet werden, die ihren Ursprung weit außerhalb der eigenen Landesgrenzen haben. Zur zweckmäßigen und rechtzeitigen Abwehr wie zur Prophylaxe bedarf es daher neben dem richtigen Instrumentarium vor allem der effektiven internationalen Kooperation. Partner, Bündnisse und Koalitionen sind unerlässlich, bedeuten allerdings auch zusätzliche Verpflichtungen.

3.4 Entwicklung des Kriegsvölkerrechts

3.4.1 Strategische Wirksamkeit juristischer Normen

Die Gewalt rüstet sich mit den Erfindungen der Künste und Wissenschaften aus, um der Gewalt zu begegnen. Unmerkliche, kaum nennenswerte Beschränkungen, die sie sich selbst setzt unter dem Namen völkerrechtlicher Sitte, begleiten sie, ohne ihre Kraft wesentlich zu schwächen.

Clausewitz: Vom Kriege, 1. Buch, 1. Kap., Ziff. 2

Diese Analyse – nicht als Regel und schon gar nicht als Postulat verstanden! – wurde bisher durch keine gegenteilige Erfahrung außer Kraft gesetzt. Grundsätzlich wird sie daher auch weiter gültig sein. Da es kein supranationales Macht- und Gewaltmonopol gibt, sind juristische Normen in der Praxis nur wirksam, soweit sich alle Beteiligten freiwillig an sie halten oder solange eine Partei ihre Einhaltung erzwingen kann. Ersteres setzt eine Normengemeinschaft voraus, die vielfach nicht anzutreffen ist, und letzteres die Möglichkeit, Repressalien anzuwenden, was Fähigkeiten und Entschlossenheit erfordert, die oftmals nicht vorhanden sind.

Normen, seien es juristische, humanistische oder moralische, binden nur nach innen, d.h. solange sich alle Beteiligten innerhalb desselben Systems bewegen. So konnte sich im geschlossenen europäischen Staatensystem ein „Recht der Staaten, Kriege zu führen“ *(ius ad bellum)* sowie ein Recht entwickeln, das die Art und Weise der Kriegführung regelt *(ius in bello)*. Sogar den Grundsatz der Verhältnismäßigkeit der Mittel konnte man von der Jurisprudenz in die Strategie übertragen. Er zeigte sich allerdings bei Friedensverhandlungen und Prozessen im Nachhinein effektiver als in der Gewaltprophylaxe. Nicht zu verkennen ist aber selbst in der europäischen Kriegsgeschichte der immer wieder durchscheinende opportunistische Charakter solcher Beschränkungen. Im Notfall hat den größeren, zumindest temporären Vorteil, wer aus dem System ausbricht und sich der Gewalt gegen die Regeln bedient.

Der einseitige Ausbruch aus Normen und Verträgen kann also zu temporären Vorteilen führen. Ein entsprechendes Vorgehen kann beispielsweise in der Anwendung „verbotener“ Waffen oder Methoden bestehen. Auch wer sich an Normen und Verträge hält, muss sich daher darauf einstellen bzw. dafür rüsten, dass die Gegenseite möglicherweise ausbricht. Je besser man allerdings für diesen Fall gerüstet ist, desto geringer wird erwartungsgemäß die Wahrscheinlichkeit sein, dass die Gegenseite die Regeln verletzt.

Die Bereitschaft, sich an Normen und Regeln zu halten, richtet sich nicht zuletzt nach dem politischen Einsatz, der auf dem Spiel steht. Sie ist erfahrungsgemäß bei emotional aufgeladenen, ethnisch oder ideologisch begründeten Konflikten am geringsten.

Rechtssicherheit ist ein hohes Ziel und ein wichtiges Interesse. Man sollte aber nicht vergessen, dass viele Normen dem *westlichen* Kulturkreis entstammen und daher bei einer Konfrontation mit anderen Denktraditionen nicht auf selbstverständliche Anerkennung stoßen, vielleicht sogar allein deshalb abgelehnt werden.

Die Welt ist weit entfernt von einem allgemein gültigen, globalen Normen- und Wertesystem. Es wäre ziemlich unrealistisch anzunehmen, dass die per Vereinte Nationen globalisierten westlichen Normen auch für Muslime, Hindus etc. gelten, ohne dass ein kräftiger Antrieb dahinter steht. Und warum sollte sich ein islamischer Fundamentalist, der gerade im Namen Allahs gegen die westliche Verderbnis angetreten ist, an ein der westlich-abendländischen Tradition entstammendes Kriegsvölkerrecht halten? Oder was bedeutet ihm die Verhältnismäßigkeit der Mittel, wenn der Wille Gottes und das Paradies auf dem Spiele steht?

Natürlich gilt für deutsche Soldaten der eigene Wertekanon, schon um der Selbstachtung und der Disziplin willen. Aber sie müssen auch mit anderen Verhaltensweisen rechnen. Das konnte und kann zu Zielkonflikten zwischen Moral und Effizienz führen. Das neue Leitbild vom Soldaten als Helfer und Kämpfer wird wenig zur Lösung solcher Konflikte beitragen können. Hätte man es mit seinem altmodischen Namen „Ritterlichkeit" eingeführt, wäre sein Charakter als Ideal sofort deutlich geworden. Zwischen Ideal und Wirklichkeit gibt es bekanntlich Unterschiede. Wer Soldaten in fremde Kulturkreise entsenden will, muss sich auf solche Probleme einstellen.

3.4.2 Zulässigkeit (ius ad bellum)

Das Recht zur Verteidigung ist unbestritten. Was aber mit Verteidigung gemeint ist, kann sehr weit ausgelegt werden. Die meisten Kriege wurden und werden mit „Verteidigung legitimer Interessen" begründet.

Einschneidende Sanktionen werden erfahrungsgemäß – Mandat hin, Mandat her – nur gegen den Schwächeren durchgesetzt. D.h. die Fähigkeit zu wirksamen Gegenmaßnahmen schützt meist den Rechtsbrecher, solange seine Widerstandskraft nicht anderweitig gebrochen wird.

Ein Recht auf „Intervention aus humanitären Gründen" trifft bisher auf entschiedene Zurückweisung, so dass es in absehbarer Zeit nicht anerkannte Völkerrechtsnorm werden dürfte. Politisch dürften solche Interventionen angesichts des Risikos und der hohen Kosten ohnehin nur akzeptabel sein, wenn ein adäquates eigenes Interesse gegeben ist. Dieses dürfte den Einsatz von Streitkräften maßgeblich bestimmen, auch wenn der humanitäre Aspekt auf die Einsatzrichtlinien (*Rules of engagement*, ROE) durchschlägt.

3.4.3 Anwendung (ius in bello)

Das Normengeflecht wurde seit dem Zweiten Weltkrieg (und wird weiter) erheblich ausgebaut. Es umfasst beispielsweise Verhaltensregeln sowie bestimmte Verbote für Waffen und deren Einsatz.

Die Fülle der Normen und auch die Tatsache, dass nicht alle Staaten (Rechtspartner) alle Normen gleichermaßen anerkennen, macht das Regelwerk unübersichtlich und gefährdet seine Handhabbarkeit in der Praxis eines militärischen Einsatzes. Außerdem ist der Streit zwischen Juristen, ob eine Norm verbindlich ist oder nicht, kaum zu vermeiden und erhöht die Rechtssicherheit ebenso wenig wie praxisfremde Auflagen.[12]

Die Konsequenzen der Einrichtung einer internationalen Strafgerichtsbarkeit sind noch nicht abzusehen. Möglicherweise wird das Verhältnis von Soldat zu Entsendestaat stärker tangiert als das Verhalten der Soldaten im Einsatz selbst. Letzteres wird, auch hinsichtlich der moralischen Qualitäten, meist von anderen Faktoren bestimmt als von der Furcht vor nachträglicher prozessualer Verfolgung, zumal die bisherige Erfahrung zeigt, dass diese in der Regel eher die Unterlegenen als die Sieger trifft. Möglich ist auch, dass die Aussicht, sich vor einem internationalen Tribunal verantworten zu müssen, den Widerstandswillen stärkt und die Bereitschaft bzw. die Fähigkeit zu Kompromissen mindert.

3.5 Globalisierung von Wirtschaft und Finanzen

Die seit dem 18. Jahrhundert immer wieder propagierte Hoffnung, dass wirtschaftliche Macht oder internationale Verflechtung von Wirtschaft, Handel und Finanzen vor Gewalt und Krieg schütze, hat sich bislang nicht erfüllt. Es gibt keine überzeugenden Hinweise, dass sich das in den nächsten Jahrzehnten ändern wird.

Viele Industriefirmen, Märkte und Finanzgeschäfte bewegen sich auf internationaler Ebene. Der Transfer von Gütern und Leistungen findet zunehmend im globalen Rahmen statt. Damit lösen sich die Firmen zumindest teilweise aus der Machtsphäre einzelner Regierungen. Dies kann theoretisch zur Souveränitätseinbuße des Staates führen. Eine strategische Folge dieser anhaltenden Tendenz kann in störenden Interferenzen bestehen, wenn finanzkräftige Unternehmen oder Konsortien bzw. Kartelle auf dem sicherheitspolitischen Feld agieren.

Dies könnte beispielsweise der Fall sein, wenn Firmen oder Kartelle im Einklang mit dem wirtschaftlichen Unternehmenszweck als Interessenten an der Erschließung neuer Märkte auftreten. Im Zuge einer anstehenden oder im Gange befindlichen Neuordnung von Staatswesen oder staatlichen Beziehungen (z.B. während einer friedenserhaltenden Operation, vor oder nach Interventionen usw.) ist ein entsprechendes Engagement nicht auszuschließen. Eine weniger „freundliche" Variante unternehmerischer Interferenz könnte in der Manipulation kleinerer Staaten, im Aufbau genehmer politischer Strukturen oder in der Unterstützung von Terror und Kriminalität bestehen, auch wenn sich dies bereits ganz oder teilweise außerhalb des unmittelbaren wirtschaftlichen Zwecks bewegt. Und schließlich sind Entwicklungen denkbar, in denen der Staat nicht in der Lage ist, Transportwege zu schützen oder die Sicherheit der Mitarbeiter vor Piraterie und Entführungen zu gewährleisten; dies könnte dazu führen, dass die Firmen bzw. Kartelle „die Dinge selbst in die Hand nehmen".

Allerdings sitzen die Regierungen, vor allem der Großstaaten mit globalem Einfluss, in sicherheitspolitischen Fragen letztlich am längeren Hebel – wenn sie konsequent verfahren. Dies hängt in erster Linie damit zusammen, dass sie im Besitz der legitimen Autorität und des Gewaltmonopols sind und dass die Wirtschaft auf verlässliche politische Rahmenbedingungen angewiesen ist, die sie nicht selbst setzen kann.

Gemeinsames Handeln von Industrie und Politik kann die Position beider stärken, insbesondere an geostrategischen Schwerpunkten. Beispiele aus Vergangenheit und Gegenwart umfassen die Erschließung und Sicherung wichtiger Rohstoffe und Märkte. Unternehmen können aber Regierungen auch unter Druck setzen, indem sie beispielsweise versuchen, wirtschaftliche Konkurrenz zu politisieren, und dadurch für Spannungen (auch unter Alliierten) sorgen. Umgekehrt bieten die international verzweigten Wirtschaftsunternehmen Angriffsflächen für regionale Machthaber (Geiselfunktion) und bedürfen daher des politischen Schutzes. Überhaupt ist der Schutz der Außenwirtschaftsverbindungen ein legitimes und vitales Interesse der Sicherheitspolitik.

Ohne Kooperation und eine rechtzeitige strategische Abstimmung sind Friktionen vermutlich unvermeidlich. Jeder Akkord muss den militärischen Aspekt einbeziehen. Dies erfordert eine gesamtstrategische Steuerung, die in Deutschland politisch noch nicht einmal konzeptionell umfassend diskutiert wird.

Die Internationalisierung der Rüstungsindustrien (mit einer US-Dominanz) beendet für die europäischen Mittelmächte das nationalstaatlich geprägte Modell des geschlossenen Kreislaufs unter einer politischen Regie. Auch seine Wiederholung auf europäischer Ebene wäre angesichts der Globalisierung kaum zeitgemäß. Die Bedarfsdeckung der Streitkräfte und das unternehmerische Verhalten der Industrie werden sich künftig mehr nach den Regeln eines Marktes richten. Die Bundeswehr muss zum „intelligenten“ (und kaufkräftigen) Kunden werden, andernfalls orientiert sich die Industrie um.

Natürlich verbindet sich mit dieser Entwicklung eine Reihe von Problemen. Wie verhindert man beispielsweise die schnelle Diffusion sensitiven Materials? Wie verhindert man den unerwünschten Zugriff kapitalkräftiger politischer Gegner auf wichtige Firmen? Und wie schützen sich die Streitkräfte gegen Abhängigkeit von Monopolen und gegen Fremdbestimmung ihrer Einsatzfähigkeit?

3.6 Globale Zivilisationsprozesse

Die Möglichkeiten moderner Verkehrsmittel und Infrastruktur sowie der Kommunikation fördern den Prozess des Austausches und der Angleichung in globalen Dimensionen. Strategisch gesehen schwindet der Sicherheitseffekt der räumlichen Distanz, die Zeiten für Aktion und Reaktion verkürzen sich. Strategisch wichtige Räume und Schlüsselzonen können zwar nach der geographischen Entfernung zum eigenen Territorium definiert und priorisiert werden, müssen aber stets in einem weiteren, globalen Kontext gesehen werden.

Die sich ausbreitende Veränderung der Lebens- und Existenzbedingungen (kapitalfundierte Industriegesellschaft, umfassende Technisierung, moderne Kommunikations- und Informationstechniken) führt zu einer Modernisierung im westlichen Stil und damit zu einer fortschreitenden Umwälzung traditioneller Herrschafts- und Gesellschaftsformen in immer mehr Ländern bzw. Staaten der sogenannten „Zweiten und Dritten Welt“. Die kommenden Jahrzehnte werden damit zu einer Epoche der Gärung und Unruhe insbesondere in Asien und Afrika, aber auch in Europa und seiner unmittelbaren Nachbarschaft.

Modernisierungsdruck paart sich mit akuten sozialen und wirtschaftlichen Problemen und trifft auf Bevölkerungen mit relativ niedrigem Durchschnittsalter und hoher Reproduktionsrate. Es ist schwer vorstellbar, dass der sich so aufbauende Druck auf die „Wohlstandsinsel Europa“ mit Maßnahmen der Wirtschafts-, Finanz- und Entwicklungshilfe allein aufgefangen werden kann. Die europäischen Staaten müssen – zusätzlich zur Bekämpfung der Ursachen von Spannungen – auch militärpolitisch vorsorgen, damit die Chancen auf grundlegende politische Lösungen nicht durch militärische Konflikte vertan werden.

Diese Herausforderung wird nicht einfacher, da immer mehr Länder der so genannten „Dritten Welt“ über moderne Technologie, auch Rüstungstechnologie bzw. militärisch nutzbare Technologie, verfügen werden. Für den Westen heißt dies, dass er zumindest in Teilbereichen auf ebenbürtige Gegner stoßen wird und dass er alles daran setzen muss, seinen technologischen Innovationsvorsprung zu halten.

Gleichziehen im Modernisierungsgrad heißt nicht kulturelle Anpassung an den Westen und Einmünden in eine futuristische Einheitskultur. Im Gegenteil: Aus den bisherigen Entwicklungen in den asiatischen und islamisch geprägten Gesellschaften kann geschlossen werden, dass die durch Modernisierung gewonnene Stärke genutzt wird, um Wertvorstellungen der eigenen Tradition durchzusetzen und sich gegen eine als oktroyiert empfundene Dominanz des Westens mehr oder weniger aggressiv zur Wehr zu setzen. Das muss nicht zu gewaltsamen Konflikten führen, kann es aber, insbesondere wenn noch andere Interessengegensätze hinzukommen.

3.7 Ideale und Ideologien

Ideale und Ideologien wirken als Treibsätze, die politischen Konflikten eine besondere Schärfe und Unerbittlichkeit verleihen. An dieser Erfahrung wird sich auch künftig nichts ändern.

Gesellschaften, die im Um- bzw. Aufbruch begriffen sind, pflegen oft auf religiöse Wurzeln (eigene oder adaptierte) zurückzugreifen. Dies gilt auch heute noch und ist aktuell z.B. in Asien, Nordafrika, aber auch im orthodoxen Russland zu beobachten. Religion hat dabei neben dem theologischen und moralischen Aspekt die politisch-soziale Funktion der kollektiven Identitätsbildung, des Aufbaus eines Selbst- oder gar Sendungsbewusstseins und der Abgrenzung. Im Kontext politischer oder sozialer Missstände dient sie oft als Kristallisationsmedium und Hoffnungsträger. Die religiös fundierte Aufbruchsstimmung wird eine der großen Strömungen sein, mit denen Europa an seiner Peripherie, aber z.T. auch innerhalb, zu rechnen hat. Die Tendenzen können militant sein – bis hin zu Terror und Gewalt –, fundamentalistisch und intolerant. Verteidigungspolitik wird sich mit diesen Extremen zu befassen haben. Aber es wäre falsch, das ganze Phänomen nur nach diesen spektakulären Formen bewerten zu wollen. Ohne geistige Auseinandersetzung, die von der Gesellschaft insgesamt geführt wird, kann die Strategie nur die als Gewalt auftretenden Symptome bekämpfen.

Nationale und ethnische Motive können sich aggressiv nach außen richten. Sie können auch zentrifugal und auflösend wirken in Staaten, die künstlich (z.B. koloniales Erbe) oder die durch Zwang geschaffen wurden oder aber als Vielvölkerstaaten ihre Kohäsionskraft eingebüßt haben. In Europa findet sich das Problem vor allem auf dem Balkan, in der Russischen Föderation, außerhalb im gesamten Krisenbogen von Nordafrika bis nach Zentralasien. Die bisher bekannten und angewandten Lösungsmethoden wirken nur temporär und an der Oberfläche. Die destabilisierende Sprengkraft ethnisch und/oder national motivierter, auch fundamentalistischer Politik wird ein stets akuter, einzukalkulierender Faktor der Sicherheitspolitik bleiben.

Die geistigen Strömungen werden sich, wie zumeist, mit den Zielen von Macht- und Interessenpolitik verbinden. Anders als in den vergangenen Jahrhunderten werden aber nicht nur einzelne Autokraten oder kleine Elitegruppen als ihre treibende Kraft auftreten. Die modernen Mittel der Massenkommunikation werden, auch unter der Flagge der Demokratisierung, immer mehr die Völker selbst einbinden, sie zum Träger bestimmter Bewegungen werden lassen. Auch kleine Konflikte, selbst gut gemeinte Interventionen, können so den Charakter von Volkskriegen annehmen.

3.8 Öffentliche Meinung und Massenmedien

3.8.1 Gewichtsverlagerung

Strategisches Handeln schafft stets einen großen Kreis Betroffener und schlägt sich demzufolge im Meinungsbild der Öffentlichkeit nieder. Der eigentliche Entscheidungsprozess war jedoch während des größten Teils der Geschichte – abgesehen von einigen Stadtstaaten und plebiszitären Heeresverfassungen – eine Angelegenheit der Eliten, abgeschirmt von der Öffentlichkeit. Diese befasste sich meist nur reaktiv oder passiv mit den Folgen.

Mit der stetigen Ausweitung der politischen Mitsprache (Demokratisierung) und dem Aufkommen der Massenmedien spielte die Öffentliche Meinung auch eine zunehmend größere Rolle im Entscheidungsprozess selbst (z.B.: Krimkrieg, amerikanischer Bürgerkrieg).

Heute beeinflusst die öffentliche Diskussion, ständig genährt durch omnipräsente Massenmedien, in permanenter Rückkoppelung die Willensbildung der Entscheidungsträger. Sie erfasst, wenn auch gemäß den jeweiligen politischen Verhältnissen unterschiedlich beeinflussbar, alle drei Zielgruppen des strategischen Handelns: die eigene Gruppe, die gegnerische Partei sowie die Neutralen bzw. Interessierten.

Man ist geneigt, den Vergleich zur Quantenphysik zu ziehen: Bereits die Beobachtung an sich verändert den Gegenstand der Beobachtung. So wie also der Vorgang des Beobachtens selbst auf die Elektronen wirkt, so verändert und bedingt in der modernen Strategie die öffentliche Beobachtung und Kommentierung das Verhalten der Akteure. Die Medienbegleitung kann also Zielsetzungen, Methoden oder sogar Rahmenbedingungen beeinflussen und verändern.

3.8.2 Wirkungsweise

Die öffentliche Beobachtung bzw. Kommentierung erfasst alle Ebenen militärischen Handelns (strategisch, operativ, taktisch), gewichtet aber primär nach dem politischen Sensationswert. Dadurch können auch Ereignisse geringerer oder lokaler Bedeutung politisches Gewicht erhalten und das weitere strategische Vorgehen beeinflussen.

Moderne Medien transportieren rationale und emotionale Inhalte gleichermaßen. Die Kombination von Wort und Bild lässt die Information in hohem Maße authentisch erscheinen und ermöglicht es oftmals, auch suggestive Kommentare in diesen Eindruck einzubeziehen. In dieser tendenziösen Version kann die Information zu einer rasch verfügbaren Waffen werden, für die – *mutatis mutandis* – die allgemeinen Regeln von Offensive und Defensive gelten.

Moderne Medien berichten nahezu zeitgleich („Echtzeit") und erreichen unmittelbar alle interessierten Bevölkerungsschichten, theoretisch weltweit und ungeachtet staatlicher Grenzen (zeitliche, soziale und geographische Ubiquität). Um den daraus resultierenden Meinungsbildungsprozess wirksam zu begleiten bzw. in ihrem Sinne zu beeinflussen, bedarf die Strategie eines Instrumentariums, das den Notwendigkeiten einer (kurzen!) Reaktionszeit und einer ausreichenden sozialen, politischen und geographischen Repräsentanz gerecht wird. Lange Instanzenwege durch Hierarchien und Gremien, Defizite in der Abdeckung relevanter Themen und Vernachlässigung wichtiger Adressaten führen zu einem Verlust an Zeit, Überzeugungskraft und schließlich Handlungsfreiheit.

3.8.3 Instrumentalisierung

Das Ringen um die öffentliche Meinung (eigene und fremde) ist längst Bestandteil jeder strategischen Auseinandersetzung geworden. Vor allem geht es darum, die Legitimität des eigenen Handelns überzeugend zu begründen und die des Gegners zu verneinen bzw. zu untergraben. Demokratisch fundierte, auf Recht und Moral verpflichtete („westliche") Regierungen stehen unter stärkerem Rechtfertigungsdruck als anders orientierte Regime. Daraus ergeben sich, vor allem in Konflikten ungleicher Betroffenheit, Ansätze für psychologisch kalkulierte Kampagnen, die selbst bei militärischer Unterlegenheit strategisch erfolgreich sein können (man denke an Bilder sterbender Kinder, brennender Krankenhäuser, vom Tod unschuldiger Zivilisten usw. und deren Auswirkungen auf die westlichen Gesellschaften).

Der Umgang mit der öffentlichen Meinung und die Gestaltung der Öffentlichkeitsarbeit stellen eine strategische Tätigkeit dar, die wesentliche Merkmale einer eigenständigen Disziplin enthält:

- die unmittelbare Zuordnung zu den strategischen Zwecken und Zielen;
- die klassischen Zielgruppen (Dimensionen) strategischen Handelns: der Gegner, die eigene Gruppe (Bevölkerung, politische Entscheidungsträger, Alliierte usw.), Neutrale und Interessierte (Regierungen, internationale Organisationen, Meinungsführer usw.);
- der Ablauf in mehreren Phasen (Vorbereitung, Durchführung, Ergebnissicherung) mit der Notwendigkeit vorausschauender Planung;
- der Einsatz und die Integration verschiedenartiger Mittel und Ressourcen zu den vorgegebenen Zwecken und Zielen der Strategie;
- gleichzeitige und/oder sich ergänzende Operationen in den Kategorien offensiv/aktiv und defensiv/reaktiv.

3.8.4 Operationalisierung

Bei Umsetzung und Anwendung der Öffentlichkeitsarbeit ist eine Vielzahl von Faktoren zu berücksichtigen. Wichtig ist stets, dass die politischen Entscheidungsträger von den Medien und der Öffentlichkeit als glaubwürdig wahrgenommen und eingeschätzt werden. Hierfür ist von Bedeutung, dass die Position der Regierung offen dargestellt wird und nachvollziehbar ist. Letzteres bezieht sich sowohl auf die Art und Weise der Darstellung (Nutzung von Bildern, emotionale Aspekte) als auch auf die Offenlegung (fast) aller Informationen, so dass sich der Zuschauer, Zuhörer oder Leser selbst ein Bild machen kann. Wesentlich für den nachhaltigen Erfolg ist die Konsistenz der Argumentation.

Ein nicht unerheblicher Bestandteil erfolgreichen Krisenmanagements ist also die Kommunikation mit der eigenen Bevölkerung. Werden hier die Regeln unzureichend beachtet, droht die Gefahr, die „Schlacht" an der „Heimatfront" zu verlieren, indem die innenpolitische Tragfähigkeit für eine Fortführung des Streitkräfteeinsatzes erodiert bzw. – zuvor – die Bereitschaft, überhaupt in den Konflikt einzugreifen, nicht vorhanden ist. Auch kann es umgekehrt natürlich sein, dass die öffentliche Meinung – vermutlich zuvor durch Fernsehbilder induziert – das Eingreifen in einen Konflikt fordert, sich aber über Gefahren und Risiken solange nicht bewusst ist, bis die ersten eigenen Verluste zu beklagen sind, die eigenen Streitkräfte versehentlich erheblichen Schaden unter der gegnerischen Zivilbevölkerung angerichtet haben oder die Erfolglosigkeit des ganzen Unterfangens jedermann deutlich wird.

In beiden Fällen, Unterstützung für ein Eingreifen zu gewinnen oder aber zur Vorsicht und Zurückhaltung zu mahnen, bedarf es einer glaubwürdigen, überzeugenden, persönlich engagierten Argumentation seitens der politisch Verantwortlichen. Unvollständige Informationen, Übertreibungen und Einseitigkeiten sowie ständiges Verweisen auf noch laufende Operationen und erforderliche Geheimhaltung sind oftmals kontraproduktiv.

Da sich die Berichterstattung über mögliche Krisenentwicklungen in steter Konkurrenz zu unzähligen anderen „Sensationsnachrichten" befindet, ist eine phantasievolle und umfassende Vorgehensweise seitens der Regierung unvermeidlich, um die erforderliche Aufmerksamkeit sowie das notwendige Verständnis und die entsprechende Unterstützung der Bevölkerung für das Handeln der Regierung zu erlangen. Dies bedarf einer guten Vorbereitung, um aus der Not der Stunde geborene Improvisationen zu vermeiden.

3.8.5 Folgerungen

In der modernen Strategie kann der Einsatz von Streitkräften nur unter Berücksichtigung der Wirkungen, Möglichkeiten und Risiken der öffentlichen Diskussion kalkuliert und durchgeführt werden. Der Einsatz der Streitkräfte muss durch eine entsprechende Öffentlichkeitsarbeit vorbereitet und begleitet und diese wiederum als Teil der Strategie begriffen, konzipiert und umgesetzt werden. Die hierfür erforderlichen Kräfte und Mittel müssen genau wie Land-, See-, Luft- und andere Streitkräfte bereitgestellt und vorbereitet werden. Die Öffentlichkeitsarbeit bildet daher eine strategische Disziplin, die angemessen beherrscht werden muss.[13]

3.9 Bevölkerungs- und Umweltprobleme

Die meisten Bevölkerungs- und Umweltprobleme sind nur indirekt Gegenstand der Sicherheitspolitik, nämlich dort, wo sie zu gewaltsamen Konflikten führen können. D.h. der Übertragungsmechanismus besteht in der Destabilisierung von Staaten mit der Folge regionaler Krisen, mafioser Strukturen usw. Zuvor können Umweltprobleme allerdings als eine Art Frühwarnsystem fungieren. Da der Umweltge- und -verbrauch auch Teil des globalen Modernisierungsprozesses ist, sind politische Interessenkollisionen unvermeidlich.

Von direkter strategischer Bedeutung sind die Energieressourcen (noch auf Jahrzehnte hinaus vor allem Erdöl). Hier wird es in den nächsten Jahrzehnten zu einer sich verschärfenden Verbraucherkonkurrenz zwischen den einzelnen Machtzentren kommen. D.h. die wichtigen Lagerstätten und Transportwege bleiben bestehen und werden zu neuralgischen strategischen Schlüsselzonen. Durch wachsende Nachfrage seitens heutiger Entwicklungsländer könnte sich das Problem noch ausweiten und verschärfen.

Ebenfalls direkte strategische Bedeutung wird der Zugang zu Süßwasserreserven in einigen Regionen haben. Für Europa relevant (weil krisenträchtig an seiner Peripherie gelegen) sind vor allem die Flusssysteme von Nil, Euphrat und Tigris sowie Süßwasser in Israel und seinen Nachbarländern. Fast ausnahmslos handelt es sich hierbei um Räume, die mit anderen Konfliktstoffen ohnehin belastet sind.

Von der Bevölkerungsproblematik relevant ist zum einen die Schere von Durchschnittsalter und Reproduktionsrate zwischen dem „Westen“ (vor allem Europa) einerseits und den Ländern Asiens und Nordafrikas andererseits. Sie wird zusätzlichen Druck erzeugen. Zum anderen sind es bestimmte Formen der Migration (Flüchtlingsprobleme), die die Sicherheitsinteressen unmittelbar berühren können. Hierbei kann es sich um Massenbewegungen innerhalb des „Einzugsbereiches“ (Nordafrika – NMO – Süd/Südosteuropa – Mittelasien) handeln, um Vertreibungen zur Homogenisierung der Bevölkerungsstrukturen (meist auf Kosten der Nachbarn) oder um die Bildung von Flüchtlingsmassen als Waffe zur Destabilisierung von Nachbarn, Regimen usw. Bei letzterem Phänomen handelt es sich gewissermaßen um „Erfindungen“ des 20. Jahrhunderts, wie die Beispiele Kosovo oder Palästina veranschaulichen.

Umweltveränderungen/-probleme sind für sich allein noch nicht sicherheitsrelevant, können aber, wenn nicht rechtzeitig geregelt, zu strategischen Konfliktsituationen führen bzw. zu diesen beitragen. Akut in diesem Sinne erscheinen derzeit allerdings nur Süßwasser- und Energieprobleme. Für einige weitere Gesichtspunkte zum Thema „Flüchtlinge als Mittel der Kriegführung“ sowie eine weitergehende Auseinandersetzung mit dem Thema „Strategie und Umwelt“ als permanente Wechselwirkung sei auf den Anhang verwiesen.

Umweltveränderungen sind Indikatoren eines Frühwarnsystems für die Sicherheitspolitik und Strategie. Hierbei gilt es, nicht zu spekulieren, sondern zu beobachten und auf rechtzeitige Entschärfung zu drängen. Gleichzeitig muss das Instrumentarium zum erfolgreichen Krisenmanagement vorgehalten werden.

Die eigentliche Dynamik erhält die Umweltproblematik durch

- die irreversible Entwicklung einer auf Industrialisierung und Technologie (Umweltverbrauch) aufgebauten Zivilisation, der sich kein Volk entziehen kann, sowie
- das anhaltende Bevölkerungswachstum gerade in den noch nicht entwickelten Staaten, das Opfer gleichzeitig zu Verursachern macht, Abhilfemaßnahmen erschwert und die Schere zwischen Arm und Reich weiter öffnet.

Sicherheitspolitik und Strategie können zur Entschärfung dieser Problematik raten, haben ihre eigentliche Aufgabe aber erst in den, nicht unwahrscheinlichen, Fällen eines Misslingens. Eine Lösung aller Probleme mit friedlichen Mitteln ist kaum wahrscheinlich, da der Aufwand der „Totalsanierung“ die Mittel auch der reichsten Länder überstiege.

Im Falle einer nicht erfolgreichen Ursachenbekämpfung und Konfliktprophylaxe – d.h. wahrscheinlich – ist mit Folgendem zu rechnen:

- der Verschlechterung, gegebenenfalls auch der krisenhaften Zuspitzung der internationalen Lage, regional oder je nach Mächtekonstellation auch weltweit;
- der Destabilisierung einzelner Staaten und einem Anwachsen internationaler Kriminalität;
- einem Anschwellen von Flüchtlingsströmen, die zunächst in die umliegende Region drängen, aber auch in die „Wohlstandsstaaten“;
- dem Versuch politischer Erpressung westlicher Staaten durch strategischen Terror und einzelne Gewaltakte (z.B. Piraterie, Kommandoaktionen usw.).

Aufgrund der fortschreitenden Aufrüstung mit zumindest brauchbarer konventioneller Technik, der Proliferation von Massenvernichtungsmitteln und Trägertechnologie, der Fähigkeit zu regionalen Kriegen und Allianzen mit überregionalen Mächten bzw. zur Führung regionaler Kriege mit überregionaler Ausstrahlung steigen die Herausforderungen für den Westen auch in „klassisch“ militärischer Hinsicht – selbst wenn die Konfliktursachen anderer Natur sind.

Zu berücksichtigen ist auch, dass die militärische Dominanz des Westens, vor allem der USA, nicht ohne permanente Anstrengungen erhalten werden kann und dass sich die Kompetenz zur Konfliktregelung Veränderungen der internationalen Machtbalance anpassen wird. Hierbei ist insbesondere auf das Aufkommen neuer Großmächte mit zumindest regionaler Präponderanz zu verweisen. Strategisch heißt dies, dass

- das Krisenmanagement mit militärischer Intervention[14] komplizierter wird und
- die Wahrscheinlichkeit, direkte Angriffe militärisch abwehren zu müssen, steigt.

Die Bevölkerungs- und Umweltproblematik als mittelbare sicherheitspolitische Herausforderung ist keine „Erfindung" unserer Zeit – es sei hier erneut auf den entsprechenden Abschnitt im Anhang verwiesen. Sicherheitspolitik bleibt, auch im Zusammenhang mit Bevölkerungs- und Umweltproblemen, eine Politik, in der Macht- und Kräfteverhältnisse eine entscheidende Rolle spielen.

3.10 Entwicklungen der Rüstungstechnologie

Militärische Operationen finden künftig in fünf „Medien" statt: zu Lande, in der Luft, zu See sowie im Weltraum und im Informationsraum („cyber space"). Die militärische Relevanz dieser Medien hängt allerdings von der jeweiligen Operation bzw. von der Art des Krieges ab. Unverändert ist die politisch-strategische Bedeutung des Territoriums als Basis politischer Entität und staatlicher Souveränität sowie als Kern strategischer Gesamtplanung.

Die neuen technologischen Entwicklungen[15] begünstigen alle Formen des Kampfes, die Offensive und die Defensive, die Operationen mit (luft-)mechanisierten Großverbänden und den Guerillakampf, die Land-Luft-Schlacht und den strategischen Terrorismus. Es ist nicht absehbar, wer den größeren Vorteil aus der Verfügbarkeit moderner Technologie ziehen wird und wie lange einmal errungene Vorteile aufrechtzuerhalten sind. Dies macht Prognosen schwierig, da sich beispielsweise das Verhältnis von Luftangriff zu Luftverteidigung im Jahre 2028 weitgehend von demjenigen im Jahre 2032 unterscheiden kann. Es ist davon auszugehen, dass die technologische Rüstungsdynamik andauert und daher die Entwicklung einer Offensivwaffe stets die Entwicklung einer Defensivwaffe nach sich ziehen wird und umgekehrt. Trifft diese Annahme zu, dann sind zeitlich festgelegte Technologieprognosen stets nur Momentaufnahmen.

Für moderne Streitkräfte des Westens gilt, dass die Bereiche „Information" und „Weltraum" sowie, als genereller Trend, die „Kommerzialisierung" militärischer Produkte und das „outsourcing" von Dienstleistungen an Bedeutung gewinnen werden.[16] Der Soldat wird weniger Funktionen als Pilot oder Panzerfahrer übernehmen, sondern auf Distanz in den Prozess des Kampfes eingebunden („in the loop") sein. Gleichzeitig gibt es natürlich auch weiterhin den Soldaten, der unmittelbar als Kämpfer am Boden benötigt wird.

Neben dem Land, der See und dem Luftraum werden verstärkt der Weltraum und der Informationsraum als Operationsräume für Streitkräfte in die Kriegführung einbezogen werden. Die Forschungs- und Technologieentwicklungen finden mehr im privatwirtschaftlichen und weniger im staatlichen Bereich statt; als Mittel der Beeinflussung des Gegners nimmt die Bedeutung des Faktors „Information" zu, ohne allerdings das Element der Gewalt als konstituierendes Merkmal des Krieges zu verdrängen.[17]

In den nächsten zehn bis 30 Jahren werden dramatische Verbesserungen in den Technologiefeldern und Anwendungsgebieten der Informationstechnologie, Antriebe und Energieversorgung, Materialien und Werkstoffe, gerichtete Energie, Raumfahrt, Munition, Sensorik, Biotechnologien und Pharmazeutika sowie im Bereich der Arbeitspsychologie zu verzeichnen sein. Revolutionäre Veränderungen sind durch die Nanotechnologie zu erwarten, die durch die Möglichkeit extremer Verkleinerung bislang nur andeutungsweise vorstellbare Anwendungen z.B. im Bereich der Robotik und intelligenter Materialien, zulassen wird.

Unterhalb der Ebene zukünftiger Hochtechnologiewaffen und revolutionärer Konzepte werden zahlreiche moderne Waffensysteme verfügbar sein, deren Verbreitung nicht zuletzt aufgrund neuer Anbieter auf den Weltmärkten sowie der zunehmenden Nutzung kommerzieller Produkte und Entwicklungen für Waffensysteme voranschreitet. Offenkundiges Beispiel sind die Informationstechnologien. Entsprechenden politischen Willen vorausgesetzt, wird der Westen erfahrungsgemäß konventionelle Kriege militärisch für sich entscheiden können. Setzt der Westen aber nunmehr auf ungeprüfte Konzepte der Informationskriegführung bei gleichzeitiger Vernachlässigung „klassischer" militärischer Fähigkeiten, so steht zu befürchten, dass er erhebliche Wettbewerbsvorteile aus der Hand gibt. Gerade Länder, die nicht dazu in der Lage sind, im vergleichbaren Maße mechanisierte Großverbände in umfassenden Land-Luft-Schlachten zu führen und gegen den Westen anzutreten, könnten beispielsweise bestrebt sein, ein Dutzend Computerhacker zu rekrutieren. Aufgrund des höheren Abhängigkeitsgrades westlicher Streitkräfte von Informationstechnologien könnten sich im Rahmen asymmetrischer Konflikte erhebliche Nachteile für den Westen ergeben.

Betrachtet man die neueren russischen Raketensysteme interkontinentaler Reichweite, die extrem schnellen Torpedos oder die anderen modernen Waffensysteme, die auf vielen Rüstungsgüterausstellungen zu besichtigen sind, aber auch indische und pakistanische Flugkörper oder die Raketen aus Nordkorea, die mit Vorzug in diejenigen Länder exportiert werden, die sich gegen westliche Stabilitätsinteressen richten, dann wird deutlich, dass moderne Bewaffnung kein Privileg westlicher Staaten ist bzw. bleiben wird.

Generell wird Hochtechnologie noch auf absehbare Zeit, d.h. in den nächsten ein bis zwei Dekaden, ein Trumpf des Westens bleiben. Allerdings holen andere Länder auf, zumindest in einzelnen Sektoren, so dass, insbesondere in isolierten taktischen Situationen, immer mehr qualitativ gleichwertige Gegner auftreten. Bei Gleichwertigkeit entscheidet die bessere Führung und die stärkere Moral, nicht der größere Computer! Auch nicht-staatliche Akteure (z.B. Drogenkartelle) verbessern stetig ihre Fähigkeiten zu militanten Aktionen und greifen beispielsweise bei Schmuggelaktivitäten auf modernste Technologie zurück – wie die amerikanische Küstenwache *(U.S. Coast Guard)* sicherlich bestätigen kann.

Die allgemeine, nicht aufzuhaltende Technologiediffusion sowie die Weiterverbreitung von Massenvernichtungsmitteln und Trägersystemen führen dazu, dass sich die westlichen Streitkräfte in Zukunft ihrer generellen Überlegenheit nicht sicher sein können.

3.11 Zukünftige Konfliktformen

3.11.1 Kriegführung im 21. Jahrhundert – Ein systematischer Überblick[18]

3.11.1.1 Drei Kategorien militärischer Auseinandersetzungen

Es erscheint zunächst zweckmäßig, drei grundlegende Kategorien zukünftiger Kriege zu unterscheiden:

- die Abstandskriegführung bzw. die Kriegführung über Distanz („stand-off warfare"),
- der unmittelbare Kampf von „Duellanten" im Konfliktgebiet selbst („hands-on warfare"),
- die „vernetzte" Kriegführung („net warfare").

Westliche Länder werden aus vielerlei Gründen darum bemüht sein, einen gegebenenfalls erforderlichen Krieg aus der Distanz zu führen. Es wird sich in diesem Fall zumeist, aber definitiv nicht immer, um einen Konflikt zwischen Staaten mit erkennbaren politischen Zielen handeln, und der Krieg wird überwiegend nach „militärischen Regeln" geführt. Der Gegner wird erwartungsgemäß seine Kampfhandlungen einstellen, wenn sich das Kosten-Nutzen-Kalkül zu seinen Ungunsten verändert. Unter diesen Bedingungen können „Abschreckung" und „Präemption" funktionieren und sind allemal einem „Ausfechten" des Krieges vorzuziehen.

Auf den ersten Blick unterstützt moderne Technologie dieses Ansinnen. Sie reduziert, insbesondere durch ihre Abstandsfähigkeit, das Risiko eigener Verluste und erhöht, insbesondere durch Präzision, die Wirkung der eigenen Waffen gegen den Feind. Geschwindigkeit, Kenntnis über den Gegner (Aufklärung) und die Präzision der Waffenwirkung stellen den Schlüssel für den operativen Erfolg dar.

Im Jahre 2030 basieren Luftkriegsoperationen im Wesentlichen auf dem Einsatz unbemannter Systeme großer Reichweite und geringer Signatur. Landkriegsoperationen werden primär durch nicht-lineare Operationen, durch Auflockerung und Streuung, massierte Waffenwirkung, Wirkung in der Tiefe und den Einsatz von Kampfrobotern gekennzeichnet sein. Seekriegsoperationen werden insbesondere auch Unterwasserfahrzeuge als Waffenplattform umfassen, die in weiterer Zukunft gleichfalls unbemannt sein könnten. Der Weltraum wird an Bedeutung für die Kriegführung gewinnen. Ebenso der Informationsraum, wobei Informationsoperationen sowohl für sich genommen als auch in Unterstützungsfunktion zum Einsatz kommen.

Das Erfordernis des unmittelbaren Kampfes von „Duellanten" im Kriegsgebiet stellt eine weitere Kategorie möglicher zukünftiger Kriegführung dar. Die Konfliktparteien können in diesem Falle Staaten, aber auch nicht-staatliche Akteure sein. Oftmals stehen ursprüngliche Identitäten und Jahrhunderte alte Feindschaften auf dem Spiel, die eine mindestens ebenso große Bedeutung wie „nachvollziehbare" politische Zielsetzungen haben dürften. Der Kampf wird überwiegend „unmittelbar" („hands-on") geführt und wird häufig in bebautem oder bewaldetem Gelände stattfinden. Flüchtlinge bzw. „internally displaced people"[19] und Nichtkombattanten werden Bestandteil vieler Auseinandersetzung sein. Die Psychologie spielt in dieser Art von Konflikten eine mindestens so große Rolle wie die Technologie. Für westliche Streitkräfte ist die „psychologische Präzision" daher von großer Bedeutung.

Militärische Präzision hat somit eine physische und eine psychologische Dimension. Physisch kommt es darauf an, das richtige Ziel zu treffen. Psychologisch ist es entscheidend, die erwünschte Wirkung in den Köpfen der gegnerischen Entscheidungsträger zu erzeugen, d.h. deren Haltung, Einstellung, Annahmen und Wahrnehmungen zu beeinflussen. Ein aufgeklärtes Ziel zu zerstören, wird für zukünftige westliche Streitkräfte kaum noch ein Problem darstellen. Zu wissen, welchen Unterschied es für den Gegner bedeutet, ob dieses Ziel zerstört wurde oder nicht, ist weitaus schwieriger zu erfassen.

Der unmittelbare Kampf wird von Gegnern oftmals mit Leidenschaft und Hass geführt. Konflikte, in denen diese Elemente eine wichtige Rolle spielen, erfordern ein verschärftes Verständnis soziokultureller und sozialpsychologischer Zusammenhänge. Mit Leidenschaft kämpfende Krieger aus anderen Regionen haben zumeist einen Vorteil gegenüber „nüchternen", „leidenschaftslosen" westlichen Soldaten. Westliche Staaten werden stets bestrebt sein, den Krieg auf Distanz zu führen, während der Gegner in vielen Fällen versuchen wird, dem Westen den unmittelbaren, mit Leidenschaft geführten Kampf im Sinne eines guerillamäßig geführten Bodenkrieges aufzuzwingen.

Netzkriegführung bezieht sich auf Angriffe gegen die gegnerische Infrastruktur bzw. auf Konflikte, die kaum als Krieg im traditionellen Sinne zu bezeichnen sind. Im Falle von Angriffen gegen die staatliche oder kommerzielle Infrastruktur eines Landes werden die gegnerischen Streitkräfte praktisch umgangen. Die Vorgehensweise kann offen, wird aber vielfach verdeckt sein. Gerade die Ausnutzung von „Grauzonen" und „Mehrdeutigkeiten" wird ein Merkmal dieser Konfliktform sein. „Quasi-Kriege" umfassen mögliche Konflikte zwischen nicht-staatlichen Akteuren, kriminellen Kartellen, großen Firmen und Netzwerken. Es ist eine schwierig festzulegende Kategorie, die im Wesentlichen Maßnahmen erfasst, die eben kaum eindeutig bestimmt werden können. Klar ist nur, dass sie stattfinden und massiv die Funktionen eines Staates beeinträchtigen können.

3.11.1.2 Merkmale künftiger Kriege

„Mehrdeutigkeit" wird eines der Charakteristika zukünftiger Kriege sein. Gegner des Westens werden versuchen, den westlichen Vorteil im Bereich der „rationalen", „klassischen" Kriegskunst zu unterlaufen, indem sie sich beispielsweise mit Geschick unterhalb der Schwelle zu einer eindeutigen, völkerrechtlich fassbaren Aggression bewegen. Gleichzeitig werden sie die westlichen Medien in ihrem Sinne zu beeinflussen suchen. Darüber hinaus werden durch unterschiedliche und subtile Formen der Vorgehensweise westliche Konzeptionen wie ressortspezifische Zuständigkeiten – beispielsweise Verteidigungsministerium, Innenministerium, Verkehrsministerium – oder die Unterscheidung von kriminellen Machenschaften und militärischen Auseinandersetzungen „ausgehebelt". Die Privatisierung und Kommerzialisierung militärischer Aufgaben im Westen trägt ein Übriges dazu bei, die Kategorien zu „verwischen".

Wesentliches Merkmal der Operationsführung im westlichen Sinne wird die hohe Geschwindigkeit sein, mit der Operationen ablaufen und Entscheidungen zu treffen sind. Es ist ein allgemeiner Trend zur Komprimierung der Zeit zu verzeichnen. Im Bereich nationaler Sicherheit und militärischer Konflikte werden der Anpassungsbedarf und die Erfordernisse grundlegenden Wandels maßgeblich durch Fortschritte im Bereich der Kommunikation und Vernetzung bestimmt. Das hohe Tempo der Zukunft hat Bedeutung für die taktische, operative und strategische Ebene. In einer Reihe von Szenarien wird die asymmetrische Relevanz des Faktors „Zeit" besonders offenkundig.

So arbeitete im Vietnamkrieg die Zeit für Nordvietnam und gegen die USA. Die Nordvietnamesen verfügten über genügend Zeit und standen den Krieg zehn Jahre durch, bis die Amerikaner schließlich abzogen. Die Kriegskoalition im Rahmen der „Operation Wüstensturm" war demgegenüber der Auffassung, dass sie es sich nicht einmal leisten könne, bis zum Beginn des *Ramadan* und bis zum Ende der Schönwetterperiode in der Region zu warten, um Saddam Hussein aus Kuwait zu vertreiben.

„Asymmetrie" stellt ein weiteres Merkmal zahlreicher Konflikte der Zukunft dar. In der einen oder anderen Form sind zwar nahezu alle Kriege asymmetrischer Natur; jedoch werden die Asymmetrien in der Zukunft verstärkte Beachtung im strategischen Kalkül finden (müssen). Die Überlegenheit des Westens auf dem Gebiet konventioneller Kriegführung, d.h. des modernen Gefechtes der verbundenen Waffen und der Land-Luft-Kriegführung, ist offenkundig. Kaum ein nicht-westlicher Gegner dürfte dazu in der Lage sein, den Westen „mit gleichen Waffen" herauszufordern, wobei es durchaus sektorale Ausnahmen geben kann. Allerdings gilt diese Vermutung nur, solange der Westen seinen Vorteil auf diesem Gebiet behält.[20]

Es liegt in der Logik der Natur des Krieges selbst, dass ein Gegner den Westen in asymmetrischer Art und Weise herausfordern wird. Diese Asymmetrie hat viele Dimensionen: technologische, psychologische, ethische, strategische. Militärische Asymmetrieformen können taktischer, operativer, militärstrategischer oder politisch-strategischer Art sein.

Taktische Antworten auf westliche Überlegenheit in militärischer Hinsicht können die Nutzung bewaldeten oder bebauten Geländes, die Vermischung mit Zivilisten und die Nutzung menschlicher Schutzschilde, die Täuschung und Tarnung oder auch der Nichteinsatz von Gerät[21] sein. Operative Reaktionsmöglichkeiten umfassen die Verwehrung von Zugängen, Täuschung und das Setzen auf (zumindest lokal-regionale) quantitative Überlegenheit.[22]

Auch militärstrategisch stehen einem Gegner verschiedene Reaktionsmöglichkeiten zur Verfügung: Sie schließen Einsätze gegen das Heimatland und die zeitliche oder lokale Ausweitung des Konfliktes ein. Auf der politisch-strategischen Ebene könnten Gegner bestrebt sein, die westlichen Einsätze in den Augen der Weltöffentlichkeit oder der eigenen Bevölkerung illegitim erscheinen zu lassen. Auch könnte sich ein Gegner darum bemühen, westliche militärische Fähigkeiten durch Rüstungskontrolle und andere Maßnahmen zu reduzieren (oder auch rechtlich zu verbieten).

Zur Veranschaulichung „asymmetrischer Gegner" lassen sich beispielhaft einige Modelle aufzeigen:

- Ein intelligenter Saddam Hussein
  Merkmale: Verhinderung des Aufmarsches westlicher Truppen; Drohung mit dem Einsatz von Massenvernichtungswaffen gegen westliche Streitkräfte in der Kampfzone bzw. im Einsatzgebiet während des Entscheidungsprozesses mit dem Ziel, das Kosten-Nutzen- bzw. Risikokalkül westlicher Akteure entsprechend zu beeinflussen; politische Unterminierung der Kriegskoalition; Drohung mit Einsätzen von Massenvernichtungswaffen gegen westliche Länder.
- Ein zukünftiger General Vo Nguyen Giap oder ein geistreicher Präsident Milosevic
  Merkmale: Hohe Toleranzschwelle für Leid der Bevölkerung, zeitliche Ausdehnung des Konfliktes, Auflockerung der Kämpfer, Streuung des Gerätes, Nutzung bewaldeten und bebauten Geländes, wirksame politische Propagandamaßnahmen, Nutzung auswärtiger Anlehnungsmacht, Spiel mit westlicher Furcht vor Eigenverlusten, Betonung eigener Opferrolle.
- Ein zweiter Aidid
  Merkmale: Nutzung ziviler Schutzschilde, hohe Toleranz für Verluste unter der eigenen Bevölkerung, geringer Technologisierungsgrad (aber Verfügbarkeit beispielsweise moderner Mobiltelefone), Manipulation der weltweiten öffentlichen Meinung, Kampf in bebautem Gelände.

- Die Horden der Mullahs
Merkmale: Massierte Einsätze von Menschen und von Systemen vergleichsweise geringen technologischen Standards.

- Gandhi mit einer Mission
Merkmale: Nutzung politischer, rechtlicher und ethischer Maßnahmen zur Unterminierung westlicher Vorteile.

- Die Netzwerk-Hydra
Merkmale: Lockere oder keinerlei Bindungen an einen Staat, kein lokalisierbarer Schwerpunkt der Kraftentfaltung und des Handlungsspielraums, gegebenenfalls mit Hochtechnologie ausgerüstet sowie den westlichen Streitkräften und staatlichen Organen in Teilbereichen sogar überlegen.

3.11.2 Arten und Formen künftiger Kriege bzw. bewaffneter Auseinandersetzungen

Die Variabilität der Formen kriegerischer Gewaltanwendung hat gegenüber früheren Epochen zugenommen.[23] Die Gründe hierfür hängen mit den neuen Möglichkeiten der Waffen-, Verkehrs- und Kommunikationstechnik sowie mit der Relativierung kultureller Schranken zusammen. Das heutige Konfliktspektrum reicht von subtilen Formen des Terrors bis zu absoluter Zerstörung, von Einzelkämpferaktionen über klassische Formen militärischer Operationen bis zu Angriffen aus interkontinentaler Distanz oder sogar aus dem Weltraum. Neuerdings kommen noch mögliche Angriffe gegen Kommunikationsnetze im künstlich geschaffenen Medium des Informationsraumes hinzu. Die Grenzen zwischen den Merkmalen staatlich, innerstaatlich und nicht-staatlich verwischen, ebenso die Ränder zwischen militärischer und polizeilicher Gefahrenabwehr. Konstante Realität bleibt hingegen der Krieg als Phänomen organisierter, politisch motivierter Gewaltanwendung und die Aufgabe des Staates, sich selbst und die in ihm verfasste Gesellschaft davor zu schützen.

Die Anwendung neuer Kriegsformen folgt ausschließlich utilitaristischen Gesichtspunkten. Auf den Punkt gebracht: Was nützt, wird gemacht. Die „neuen" Formen treten daher nicht substitutiv, sondern additiv auf; d.h. neben „cyber war" und strategischem Terrorismus wird es weiter die Land-Luft-Schlacht, den ABC-Krieg etc. geben.

Allen Formen gemeinsam – sozusagen als konstitutives Element des Krieges – ist die Gewalt bis hin zur physischen Vernichtung, die nur in der Gegengewalt und im politischen Zweck ihre Grenzen findet. Der Konflikt muss keinesfalls gleich auf der obersten Eskalationsstufe beginnen; aber der Weg dahin ist stets offen, wenn nur einer der Kontrahenten das will. Daraus folgt unvermeidlich, dass der konsequentere und härtere Kämpfer im Vorteil gegenüber dem unentschlossen und halbherzigen ist.

Auch der Augenschein wirkungsvoller Drohgebärden ohne Waffeneinsatz widerlegt diese These nicht, denn ohne die glaubwürdige Entschlossenheit und Fähigkeit zur Exekution bliebe die Geste vorhersagbar erfolglos. Krieg ohne Verluste an Menschenleben wird die Ausnahme bleiben. Und dann gibt es ja auch noch die Asymmetrie der Empfindlichkeit: Nur ganz hoch entwickelte Staaten und Gesellschaften sind gegenüber „cyber war" und „information warfare" anfällig. Dem Alten vom Berge und seiner Nachkommenschaft muss man da schon handgreiflicher kommen.

Wichtig in diesem Zusammenhang ist das jeweilige Kriegsbild. Der Krieg hat von jeher einen Proteus-Charakter. Er kann tausendundeine Form annehmen, je nachdem, welche unter den gegebenen Verhältnissen gerade Erfolg verspricht. Seine einzige ihm eigene Konstante ist die Gewalt. Sie findet ihre natürliche Grenze nur in der Gegengewalt oder im eigenen politischen Zweck. Auch Clausewitz kannte sehr wohl das Gebot des Maßhaltens, aber nicht als beliebig abrufbares, endogenes Prinzip des Krieges, sondern als Funktion seiner jeweiligen Rahmenbedingungen.

Jede bestimmte Form des Krieges oder – noch allgemeiner – des gewaltsam ausgetragenen Konfliktes ist der Ausdruck bestimmter politischer, strategischer Umstände, mit denen sie steht, fällt oder sich ändert. Die Form ist also stets relativ oder temporär. Es gibt Umstände, die „klassische" Operationen erfordern, und andere, die die Grenze zur polizeilichen Aktion streifen. Allen gemeinsam ist die Gewalt, besser: deren optimale Anwendung.

Neben der Gewalt verbindet noch ein zweites gemeinsames Element das bunte Allerlei in der Büchse der Pandora: die dominierende Bedeutung des Territoriums. Zwar hat die Erdoberfläche als Operationsraum der Streitkräfte längst Konkurrenz bekommen durch die See, die Luft und neuerdings auch den Weltraum, aber sie bleibt für uns Landbewohner immer *sui generis*. Die strategische Entscheidung, bei einem voll ausgekämpften Krieg oft auch das letzte Gefecht, wird immer um einen terrestrischen Raum ausgefochten. Daran werden auch interkontinentale Reichweiten und orbitale Operationsbasen nichts ändern können. Denn als Objekt wie als Voraussetzung politischen Handelns ist das Land unersetzlich, als Träger wichtiger Ressourcen, als Wirtschaftsraum und vor allem als Staatsgebiet, d.h. als physische Grundlage eines Staatswesens, seiner Eigenständigkeit und Handlungsfähigkeit.

Das bedeutet, dass auch die Kriege der Zukunft, wo und womit immer sie beginnen, irgendwann den Punkt erreichen, an dem es darum geht, Land, ein bestimmtes Stück Erdoberfläche, zu erobern, zu verteidigen oder zu kontrollieren. Streitkräfte müssen dazu fähig sein. Dies ist, neben der Gewalt, der zweite perspektivische Festpunkt, der bei einer Neukonstruktion des Militärwesens im Auge zu behalten wäre, mag sie auch sonst noch so revolutionär und andersartig ausfallen.

4 Ausgewählte politische Akteure und kritische Regionen – Mit wem oder was wird es Deutschland zu tun haben?

Im vorigen Kapitel wurde u.a. dargestellt, warum mit hoher Wahrscheinlichkeit auch in Zukunft Nationalstaaten bzw. Staatengruppen und Koalitionen maßgebliche Akteure in der internationalen Politik bleiben werden. In diesem Kapitel geht es um langfristige Tendenzen im Hinblick auf Konditionen, Ziele und Interessen sowie mögliche Koalitionen, insoweit sie für deutsche Sicherheitsinteressen, insbesondere aber für einen möglichen Einsatz deutscher Streitkräfte, relevant sein könnten.

Es handelt sich dabei um eine Auswahl von Gesichtspunkten, die nahezu beliebig erweitert werden könnte. Allerdings wurden nur Akteure ausgewählt, die aus eigener politischer Gestaltungskraft handeln, keine „Funktionärsorganisation“, die lediglich so gut oder schlecht sein kann wie die Politik ihrer Mitglieder. Dort, wo eine Betrachtung einzelner Akteure für den Zweck dieser Übersicht nicht erforderlich erschien, wurden zusammenfassende Überlegungen zur Entwicklung und Bedeutung der jeweiligen Region für die deutsche Sicherheit angestellt. Je weiter in die Zukunft geblickt wird, desto mehr muss sich die Prognose auf wenige Grundlinien beschränken. Die jeweils akuten Umstände der internationalen Politik lassen sich so wenig für Jahrzehnte vorhersagen wie das Wetter.

Staaten bzw. Regierungen gestalten ihre Politik nach ihren Interessen (jedenfalls sollten sie es), d.h. sie sind darum bemüht, eine für sie günstige Lage zu erreichen bzw. zu erhalten und eine ungünstige abzuwenden bzw. zu vermeiden. Interessenpolitik ist in der Regel kooperativ, da die Zusammenarbeit im Allgemeinen mehr Nutzen bringt als die Konfrontation. Diese Tendenz dürfte sich infolge der wachsenden Interdependenz erhärten. Nichtsdestoweniger wird es weiterhin gewaltsam ausgetragene Konflikte geben, und ihre Zahl wird, da auch die Reibungsflächen wachsen, zumindest nicht abnehmen. Überlegungen zum möglichen Einsatz von Streitkräften haben sich hierauf zu konzentrieren.

4.1 Deutschland

Deutschland ist die führende europäische Mittelmacht, aber, anders als seine Partner und Nachbarn, seiner nationalen Identität nicht sicher. Aus der Sicht der Partner zeichnet sich Deutschland durch ein schwer einzuschätzendes Interessenprofil aus. Der schleichende Verlust an militärpolitischem Gewicht wegen jahrelanger Unterfinanzierung der Streitkräfte und das Versäumnis, sich der veränderten strategischen Lage mit überzeugendem eigenem Konzept zu stellen, werden trotz angekündigter Verbesserungen noch lange Zeit nachwirken. Die Tendenz ist bislang noch ungewiss.

Das Hauptinteresse Deutschlands besteht in einer konfliktfreien Existenz in historisch belasteter und geostrategisch empfindlicher Mittellage in Europa. Zu diesem Zweck bedarf es einer soliden Verankerung im Westen (Westbindung) durch europäische Integration (EU) und vor allem durch ein festes Bündnis mit den USA. Die deutsch-amerikanischen Beziehungen sind von vitalem Interesse, da für die innerwestliche Balance (Auspendeln traditioneller Rivalitäten) und die Handlungsfreiheit in Europa, auch gegenüber Russland, unerlässlich.

Ein weiteres zentrales Sicherheitsinteresse Deutschlands besteht in der Stabilität in Europa, verstanden als Abwesenheit von Gewalt und Sicherung des Status quo. Gewahrt werden muss dieses Interesse durch geregelte Verhältnisse zwischen den Nachbarn und den Erhalt einer militärischen Balance. Letzteres bedeutet die Sicherstellung, dass keine Erfolg versprechenden strategischen Optionen vorhanden sind, den politischen Status quo in Europa mittels militärischer Gewalt zu verändern.

Und schließlich liegt es im vitalen Interesse Deutschlands zu verhindern, dass außereuropäische Krisen oder Konflikte in gravierendem Ausmaß auf Europa übergreifen.

Wegen seiner geostrategischen Lage, aber auch als zentraleuropäische Mittelmacht der NATO hat Deutschland ein spezielles und elementares Interesse an der Stabilität in Osteuropa (und somit auch eine spezielle Funktion). Seine sicherheitspolitischen Überlegungen (einschließlich militärischer Vorsorge) werden daher stark von der Einschätzung bestimmt, wie sich die russische Politik entwickelt und wie Russland selbst seine Position gegenüber dem Westen definiert. Ein sich abgrenzendes, auf einer konkurrierenden Weltmachtrolle beharrendes Russland verlangt eine andere Politik als ein sich integrierendes. Gleichzeitig gilt jedoch auch, dass selbst ein auf Partnerschaft mit dem Westen ausgerichtetes Russland einen starken westlichen Partner braucht und keinen schwachen.

Um seine Interessen zu verfolgen, ist Deutschland auf seine westlichen Partner, insbesondere in der NATO und hier insbesondere auf die USA, angewiesen – dies ist *das* vitale Interesse des Landes. Daher muss es zur Solidarität bereit sein und seinerseits die Interessen der Partner in angemessenem Maß mit vertreten.

4.2 USA

Sicherheits-, aber auch andere Interessen zwingen die USA dazu, Weltmacht mit globalem Engagement zu bleiben. Ein Rückfall in Isolationismus ist daher letztlich unwahrscheinlich. Eher besteht die Neigung zu unilateralen Alleingängen, gestützt auf eine starke Wirtschafts- und Finanzkraft sowie auf eine noch auf längere Sicht (mindestens ein bis zwei Jahrzehnte) dominierende Rüstungstechnik.

Politisch-diplomatische Gründe, vor allem aber die zunehmende Anspannung aller Ressourcen infolge globaler Verpflichtungen, erfordern Verbündete. In Asien werden sich die USA im Wesentlichen auf Japan stützen wollen, in Europa auf die NATO, besonders aber auf Deutschland, Frankreich und Großbritannien. Gleichzeitig werden jedoch die wirtschaftliche Konkurrenz, die amerikanische Präponderanz und Dominanz, aber auch das Streben nach mehr Unabhängigkeit und eigener Weltgeltung seitens einiger Partner die Allianzen immer wieder belasten. Ohne gezieltes Gegensteuern wird die Fähigkeit zu gemeinsamem Krisenmanagement in Zukunft gefährdet.

Angesichts
- der eindeutigen Absicht Chinas, in seiner Region eine führende Rolle zu spielen und auch strategisch mit den USA mitzuhalten,
- der bestehenden oder heraufziehenden Spannungen zwischen den Nuklearmächten Indien, China, Pakistan sowie
- der ungelösten Probleme am Persischen Golf und im Nahen und Mittleren Osten

werden die USA in den nächsten Jahrzehnten zunehmend in Asien gebunden sein. Sie erwarten von den Europäern Entlastung in deren eigener Region (einschließlich gegenüber Russland) und globale Unterstützung. Dies liegt auch in deren eigenem Interesse, da eine Schwächung der USA gleichfalls die Position der Europäer unterminierte.

Konfrontiert mit den genannten und anderen globalen Herausforderungen sind die USA und Europa aufeinander angewiesen. Nur wenn es gelingt, ihre teilweise schwierige Allianz in eine solide transatlantische Gemeinschaft zu überführen, kann der „Westen" das heutige Niveau seines Einflusses und seiner Sicherheit auch in den kommenden Dekaden halten. Es geht mithin darum, eine „*transatlantische* Sicherheits- und Verteidigungsidentität" im Gegensatz zu einer anachronistisch-verengten „europäischen" zu schaffen. Gelingt es nicht, müssen sich vor allem die Europäer auf massiven Druck gegen ihre vitalen Interessen einstellen.

4.3 Die westeuropäischen Staaten

Im Folgenden werden einige westeuropäische Staaten betrachtet, die einen wesentlichen Teil des europäischen Kerns von NATO und EU bilden. Die nationalen Perspektiven sind noch sehr unterschiedlich und nur teilweise kongruent. Das Zusammenwachsen zu einer Gemeinschaft, die auch ihre Sicherheits- und Verteidigungsinteressen gemeinschaftlich definiert und wahrnimmt, dauert, wenn keine unvorhergesehenen Notlagen schon vorher dazu zwingen, vermutlich noch Jahrzehnte.

Die ehemaligen Großmächte Frankreich und Großbritannien sehen sich weiter als „global player" mit eigenen weltweiten nationalen Interessen. Mangels ausreichender eigener

Mittel besteht die Neigung, die Partner der EU zu instrumentalisieren.

Hinsichtlich der Stabilität in Europa herrscht Einigkeit im Grundsatz, aber es gibt unterschiedliche Bewertungen und Prioritäten im Detail, z.B. im Hinblick auf den Balkan, aber auch auf Russland. Die westeuropäischen Seemächte blicken mehr auf die Risiken in Südosteuropa und im Mittelmeerraum bzw. in Nah-Mittel-Ost als auf Ost- und Nordosteuropa. Jeder Partner muss innerhalb der Allianz für seine Interessen werben.

Deutschland muss – infolge der Konservierung historischer Erfahrungen, aber auch aufgrund machtpolitischer Erwägungen – weiterhin mit einem latenten Misstrauen seiner Partner rechnen. Dies gilt für die alten, aber und gerade auch für die neuen NATO-Partner, für die Deutschland einerseits Rückhalt, andererseits ein zu kontrollierender Nachbar ist. Nur die Präsenz der USA und deren enge Verbundenheit mit Deutschland verhindert wirksam das Wiederaufleben traditioneller europäischer Koalitions- und Balance-Arithmetik.

Strategisch, d.h. für die Bewältigung ernster Krisen, sind die Europäer auf die Hilfe der USA und deren Kooperation angewiesen und werden es noch lange bleiben. Deklaratorische Visionen einer eigenständigen, neben den oder gar gegen die USA agierenden Weltmacht Europa entbehren einer ausreichenden militärischen Grundlage – und sind, davon abgesehen, mit deutschen Sicherheitsinteressen nicht vereinbar. Umfassende europäische Eigenständigkeiten wären mit Blick auf das 21. Jahrhundert und angesichts der Notwendigkeit einer transatlantischen Gemeinschaft auch anachronistisch. Die Europäer müssen vielmehr beträchtliche Anstrengungen unternehmen, um militärisch die technologische Lücke zu den USA zu schließen und durch den Aufbau gleichwertiger, komplementärer Kernkapazitäten ein gleichgewichtiger Partner zu werden. Zurzeit sind – ausweislich der Finanzplanungen und trotz gegenteiliger Absichtserklärungen – solche Anstrengungen nicht zu erkennen. Falls dieser Zustand anhält, wird Europa (außer Russland) in wenigen Jahrzehnten als sicherheitspolitischer Akteur und als Partner der USA ausfallen. Seine Streitkräfte sind dann allenfalls noch zu „Petersberg-Aufgaben“ im Rahmen lokaler Krisen in der Lage.

4.4 Andere europäische Staaten

Für die meisten europäischen Staaten gilt die NATO (in ihrer traditionellen Rolle als starkes Verteidigungsbündnis) als Garant der Sicherheit in Europa. Diejenigen Länder, die noch nicht Mitglied der NATO sind oder bis vor wenigen Jahren noch nicht Mitglied waren, wollten und wollen jedoch Mitglied der „alten" und nicht der „neuen" NATO werden. Sie suchen die enge Anlehnung an den „Westen", teils um innere Stabilität zu finden, teils um Schutz gegen ein wieder erstarkendes Russland zu erhalten. Der Westen muss sich dieser Schirmfunktion *nolens volens* stellen, da anderenfalls eine Zone der Unsicherheit und Instabilität entstünde. Um den strategischen Schirm überzeugend zu gestalten, bedarf es des deklarierten Interesses, eines angemessenen Potenzials und einer effizienten Organisation. Die formale Mitgliedschaft ist nachrangig. Ein starkes Verteidigungsbündnis im Rücken zu haben ist wichtiger als die Mitgliedschaft in einem Debattierclub. Es wird sich erst in den nächsten Jahren und Jahrzehnten erweisen, ob der Wandel die NATO als Macht- und Stabilitätsfaktor gestärkt oder geschwächt hat.

Der Balkan wird wegen seiner kaum zu entwirrenden ethnischen, religiösen, sozialen und kulturellen Gegensätze der europäische Krisenherd bleiben. Alle bisher aus der Geschichte bekannten Versuche, ein multi-ethnisches, multi-religiöses und friedliches Zusammenleben durch einen politischen oder staatlichen Überbau zu ermöglichen, hatten nur Erfolg, solange eine entsprechend potente Ordnungsmacht dahinter stand. Bleibt diese Erfahrung gültig, stehen den europäischen Partnern noch viele Jahre des Engagements bevor. Selbst dann wird es immer wieder zu gewaltsamen lokalen Konflikten kommen, die teils zwischen den Parteien, teils gegen die Ordnungsmacht ausgetragen werden. Außerdem besteht die Möglichkeit, dass interessierte Mächte (inner- oder außerhalb der Region) die Balkanwirren für ihre Zwecke instrumentalisieren.

Zu einem ähnlich komplizierten, aber noch intensiveren Krisenherd könnte sich die Kaukasus-Region entwickeln, dann allerdings mit weitreichender, überregionaler Ausstrahlung.

4.5 Die Russische Föderation

Im Vordergrund der Stabilitätsbemühungen in Europa steht eine möglichst spannungsfreie Kooperation mit Russland unter Wahrung berechtigter Positionen. Deutschland hat ein Interesse an einem stabilen, kooperativen Russland und an Russland als Ordnungsfaktor in Europa und Asien. Die Sicherheit Deutschlands und Europas erfordert es jedoch, sich auch auf nicht völlig auszuschließende ungünstige Entwicklungen einzustellen.

Der künftige Weg Russlands ist eine wichtige Stellgröße für die Gestaltung der strategischen Vorsorge Deutschlands. Sie entscheidet darüber, ob Deutschland einen Platz im geschützten Zentrum des Kontinents oder an der Ostflanke eines euroatlantischen Komplexes innehaben wird.

Noch ist ungewiss, ob Russland den Weg des Zerfalls oder der Restitution geht. Wenn Ersteres der Fall sein sollte, wären zunächst große Instabilitäten mit mehreren Krisenherden, Flüchtlingswellen, Kriminalität usw. zu erwarten. Gelingt es, diese Phase „durchzustehen“, könnte sich langfristig dann der europäische Kern in Europa integrieren.

Gegenwärtig wird jedoch ein anderer Weg begangen, der auch für die Zukunft wahrscheinlicher ist: Vermutlich wird es zu einer Konsolidierung von Macht, Wirtschaft und Gesellschaft kommen, allerdings nicht unbedingt in den Formen von Demokratie und Marktwirtschaft. Russland verfügt über immense Kraftreserven und hat sich schon mehrmals in seiner Geschichte aus chaotischen Tiefs erholt. In diesem Fall ist mit einer Regeneration seiner Streitkräfte innerhalb weniger Jahre zu rechnen. Allgemeines, globales Ziel kann in diesem Fall die erneute Erlangung der Rolle einer eurasischen Großmacht und die Schaffung eines gleichrangigen Machtpols neben den USA und gegebenenfalls neben China sein.

Ein konkretes Ziel könnte in der Zurückgewinnung der Gebiete bestehen, die historisch-traditionell als natürlicher Teil Russlands angesehen werden: Baltikum, Krim, Ostukraine. Gleichzeitig könnte Russland versucht sein, bestimmenden Einfluss über Weißrussland und die Rest-Ukraine zu gewinnen. Auch die Kontrolle über die Region Kaukasus und Kaspisches Meer, nicht zuletzt vor dem Hintergrund der dort vorhandenen

Erdölreserven, könnte im Interesse eines wieder erstarkenden Russlands liegen. Besitzstandwahrung ostwärts des Ural, in Kooperation oder Konfrontation mit China, könnte ebenfalls ein wichtiges Ziel sein.

Sicherheitsinteressen zu haben ist eine Sache, die Art und Weise der Umsetzung und Verfolgung eine andere. Eine denkbare Methode könnte in einer schnellen, auch emotional angetriebenen großen Konfrontation bestehen – eine eher unwahrscheinliche Vorgehensweise. Wahrscheinlicher, und teilweise heute schon angewandt, wäre ein iteratives, kalkuliertes Vorgehen mit einer der Lage entsprechend dosierten Mischung von Konfrontation und Kooperation.

Eine für Deutschland besonders ungünstige, nicht hinnehmbare, aber auch nicht auszuschließende Politik Russlands bestünde im Versuch, die europäische Sicherheitsordnung durch limitierte Konfrontation beispielsweise im Sinne gewaltsamer Veränderungen im Ostseeraum auszuhebeln. Dies wäre mit vergleichsweise geringem Streitkräfteaufwand zu bewältigen. Auch könnte Russland eines Tages versucht sein, die NATO oder die EU durch Druck auf einzelne Mitglieder aufzubrechen. Vergleichbare Maßnahmen könnten Versuche umfassen, die EU-Staaten gegen die USA auszuspielen. Präludierend wäre der Aufbau einer Drohposition durch Bildung bzw. Ausbau militärischer Basen im östlichen Ostseeraum denkbar („Strategie der Roten Linie").

Außerdem wäre Deutschland, wie andere Partner auch, im Falle einer Konfrontation der USA mit Russland und/oder China unmittelbar betroffen.

Grundsätzlich besteht auch die Chance zu einer ausgewogenen Partnerschaft zwischen dem Westen und Russland. Wenngleich eine externe Beeinflussung Russlands nur begrenzte Aussicht auf Erfolg hat, muss der Westen und nicht zuletzt auch Deutschland versuchen, gemeinsame Interessenfelder mit Russland abzustecken. Mögliche gemeinsame strategische Interessen ließen sich im Hinblick auf China, die südliche islamisch-fundamentalistische Peripherie, Iran/Großpersien und auf den Terrorismus sicherlich finden.

4.6 China und Asien

China wird, falls es seine inneren Strukturprobleme lösen kann, in den kommenden Jahrzehnten zum wichtigsten globalen Gegenspieler der USA. Militärisch hat es die Weichen dafür gestellt; der Zeitbedarf wird nach chinesischen Annahmen 20 bis 25 Jahre betragen. Derzeit hat China noch erhebliche Schwächen, aber sein Nuklearpotenzial schützt es vor westlichen Interventionen und Sanktionen. Das Ziel außenpolitischen Wirkens scheint klar zu sein: das Erringen der Stellung als regionale Führungsmacht. Folgerichtig erscheint auch die Politik, die diesem Ziele dient: Der Einfluss der USA muss geschwächt, zumindest aber ihr regionaler Einfluss beseitigt werden. Vorhandene Reibungsflächen hängen mit Taiwan und Nordkorea sowie den Ansprüchen in den angrenzenden Seegebieten zusammen. Alle diese Divergenzen können bei Bedarf instrumentalisiert werden.

Der Energiebedarf bestimmt die überregionalen Interessen in Zentralasien und in Nah-Mittel-Ost. Obwohl in einigen Jahren zu einzelnen Schlägen mit Raketen interkontinentaler Reichweite gegen Nordamerika und Europa fähig, werden gegenüber dem Westen bei einer Konfrontation vermutlich gewaltfreie oder indirekte Methoden bevorzugt. Denkbar wäre beispielsweise die Nutzung der Krisenregionen an der europäischen Peripherie zur Einmischung oder Klientelbildung (Beispiel: Albanien 1961-1976). Letztlich ist auch die Bildung von Militärstützpunkten nicht ausgeschlossen. Allerdings sind die Interessengegensätze mit Russland und Indien konfliktträchtig und werden Kräfte absorbieren.

Indien ist Nuklearmacht mit einer außerordentlich leistungsfähigen technologischen Basis. Satelliten, Trägerraketen, Kernkraftwerke, die größte Software-Industrie der Welt, ein kaufkräftiger Mittelstand, der nahezu der Gesamteinwohnerzahl der USA entspricht, ein anspruchsvolles Schulsystem: Ausschließlich Bilder der Armut und des Kastenwesens zu betrachten, wird dem modernen Indien definitiv nicht gerecht. Indien verfügt wie China über eine Milliardenpopulation, ist militärisch aber *noch* unterlegen. Indien bildet in der Region ein natürliches Gegengewicht zu China und möglicherweise auch einen Gegenpol zum politischen Islamismus in Südost-/Südwestasien. Für den Westen stellt Indien einen natürlichen Partner dar, der jedoch auf Gleichrangigkeit und eine fair definierte Basis gemeinsamer Interessen Wert legen wird.

Die Staaten Zentralasiens sind klassische Krisenherde: von labiler innerer Struktur, ethnisch und kulturell heterogen, zusammengehalten durch autoritäre Führungen, anfällig für die Generierung und Weiterverbreitung fundamentalistischer Strömungen. Ihr Spannungspotenzial erhält überregionale Bedeutung durch Energieressourcen und OSZE-Mitgliedschaft.

Nah-Mittel-Ost und Südwestasien stellen seit Menschengedenken eine Krisenregion des eurasischen Kontinents dar. Gleichzeitig sind sie aufgrund der Erdölvorkommen eine geostrategische Schlüsselzone. Die Region ist geradezu als „klassische Heimat" des strategischen Terrorismus bekannt. Iran bildet gegenwärtig ein Zentrum einer militanten Spielart des politischen Islamismus; Irak befindet sich unter UN-Sanktionen, und es ist nicht klar, was passieren wird, wenn die Sanktionen eines Tages aufgehoben werden. Beide Länder sind nukleare Schwellenmächte, die Europa in einigen Jahren direkt angreifen können. Konfliktstoff ist ausreichend vorhanden, im Vordergrund wird aber wohl eine mögliche Vergeltung für bzw. Abwehrdrohung gegen Sanktionen und Interventionen stehen; Europa könnte hierbei eine Geiselfunktion zukommen.

In der Region sind oftmals labile Monarchien mit revolutionär-radikalen Unterströmungen anzutreffen; der israelisch-arabische Konflikt mit einer starken Involvierung westlicher Staaten, traditionell verfeindete Nachbarn mit grenzüberschreitenden Minoritäten, künstlich gezogenen Staatsgrenzen, Wasserproblemen etc. bilden eine brisante Gemengelage. Der NATO-Partner Türkei ist unmittelbarer Nachbar, was seine strategische Bedeutung einmal mehr unterstreicht. Selbst wenn sich Deutschland als gering Betroffener heraushalten könnte, die EU und die NATO können es nicht – und damit auch nicht Deutschland. Alle Probleme sind – wenn überhaupt – nur langfristig lösbar. Der Westen wird zwar als Friedensstifter überall gebraucht, steckt aber vorerst infolge des Iran-, des Irak- und des israelisch-arabischen Problems in einer diplomatischen Sackgasse.

4.7 Die Kaukasus-Region

Die Kaukasus-Region hat das Potenzial, sicherheitspolitisch ähnlich brisant wie der Nahe-Mittlere-Osten zu werden. Ethnische und religiöse Heterogenität, Separatismus und Nationalismus, mögliches Einfallstor des fundamentalistischen Islamismus nach Europa, all dies birgt erhebliche Risiken für die westliche Sicherheit. Bedeutsam – und die Brisanz erhöhend – sind ferner Erdölvorkommen und wichtige Erdöltransportrouten sowie die vitalen Interessen Russlands an dieser Region, gepaart mit sich überschneidenden Interessen der Türkei, des Irans und Chinas. Hinzu kommen die wirtschaftlichen Interessen westlicher Ölfirmen. Insgesamt verfügt die Region damit über alle Komponenten, die einen lokalen Krisenherd zu einem großen internationalen Konflikt ausweiten können.

4.8 Nordafrika

Nordafrika stellt einen potenziellen Unruheherd aufgrund der vielfältigen inneren Instabilität zahlreicher Länder in dieser Region dar. Politische Instabilität – wenngleich in unterschiedlichem Ausmaß – zeigt sich insbesondere in Algerien, Tunesien, Ägypten und im Libanon. Die innere Lage ist durch Populationsdruck, ungünstige soziale und wirtschaftliche Verhältnisse sowie fundamentalistische Tendenzen gekennzeichnet.

Mögliche Auswirkungen auf Europa können in Flüchtlingsbewegungen, aber auch in schwierig zu kontrollierenden radikalisierenden Einflüssen dieser Länder auf Minoritäten in den europäischen Staaten bestehen. Das Aufkommen radikaler Regime mit Neigung zu aggressiver Außenpolitik, die Proliferationsproblematik (Europa liegt von Nordafrika aus in der Reichweite von ballistischen und Marschflugkörpern mittlerer Reichweite), der Zerfall von Staatlichkeit mit der Folge mafioser Strukturen, Bedrohung der Verkehrs- und Verbindungslinien im oder über dem Mittelmeer, die Möglichkeit einer Brückenkopfbildung regionsfremder Machtzentren (nach dem Muster der Kubakrise), alle diese Stichworte verdeutlichen die Instabilität, die von dieser Region ausgehen kann.

Szenarien, in deren Rahmen eine westliche Intervention erforderlich sein könnte, lassen sich ohne Schwierigkeit konstruieren.

5 Risiken und Herausforderungen für Deutschland

5.1 Allgemeine Bemerkungen

Risiken stellen künftig mögliche Bedrohungen der eigenen Sicherheit dar. Es handelt sich also um in der Zukunft mögliche negative Entwicklungen der internationalen Lage – im Hinblick auf Kräftekonstellationen, krisenhafte Zuspitzungen, Interessenkonflikte etc. –, die die Sicherheit oder einzelne Sicherheitsinteressen beeinträchtigen oder gefährden können.

Um Vorsorge treffen zu können, müssen Risiken möglichst konkret beschrieben werden, und zwar inhaltlich (z.B. Aggression, Proliferation usw.) und geographisch. Die geographische Benennung fasst alle verfügbaren Faktoren der Lokalisierung zusammen und nennt Ursprungsort bzw. Urheber; sie folgt der Erkenntnis, dass jede politische Entwicklung irgendwo einen räumlich fixierbaren Träger haben muss und dass diese Entwicklung nur dann wirksam bekämpft oder verhindert werden kann, wenn dieser Träger lokalisiert und damit für Gegenmaßnahmen fassbar gemacht wird.

Die Definition von Risiken und die daraus folgenden Vorsorgemaßnahmen sind Aufgabe jeder verantwortlichen Sicherheitspolitik. Sie beschreiben weder eine unvermeidliche oder gar angestrebte Konfliktsituation noch einen politischen Gegner, der akut und unter allen Umständen bekämpft werden muss. Ihr erstes Ziel ist nicht die Konfliktvorbereitung, sondern die Konfliktverhinderung. Deshalb ist die Scheu, Risiken konkret auch hinsichtlich bestimmter Staaten zu definieren, zwar unter diplomatischen Aspekten verständlich, in einer strategischen Lagebeurteilung aber nicht angebracht.

Je konkreter ein Risiko definiert werden kann, desto besser sind die Möglichkeiten der eigenen Vorsorge. Aber es liegt in der Natur jeder Prognose, dass sie um so pauschaler wird, je weiter sie in die Zukunft vordringt. Eine langfristige Perspektive kann sich daher nur mit den Hauptlinien möglicher Entwicklungen befassen und keine Krisenszenarien mit allen Facetten anbieten. Vieles wird spekulativ sein, manches sich im Laufe der Zeit wandeln. Aber die Logik der „Sicherheit" als vitales Staatsinteresse fordert einen umfassenden Ansatz: alles, was nicht hinreichend sicher auszuschließen ist, gilt als möglich und muss ernst genommen werden.

5.2 Risikokategorien

Zur Identifizierung von Risiken kann es hilfreich sein, Risikokategorien zu bilden. Sie können beispielsweise nach Ursache, Urheber oder Zielsetzung unterteilt werden. Da es sich in der Regel um dynamische Prozesse handelt, sind gegebenenfalls auch die Fließ- oder Stoßrichtungen zu untersuchen.

Eine Risikokategorie kann die Politik von Staaten bzw. Regierungen, von Staatengruppen oder sonstigen Akteuren bilden. Darüber hinaus kann eine Kategorie vagabundierender Risiken, d.h. derjenigen Risiken, die nicht von vornherein bestimmten Akteuren zuzuordnen sind, aufgestellt werden. Hierbei handelt es sich beispielsweise um Proliferation, strategischen Terrorismus, ideologisch oder ethnisch motivierten Radikalismus etc. Und schließlich kann noch die Kategorie der geostrategisch induzierten Risiken aufgeführt werden. Hierbei handelt es sich um Schlüsselzonen, wichtige Verkehrs- und Verbindungslinien, wichtige Rohstoffvorkommen und ihre Verteilerrouten sowie die Interessenten, um Räume besonderen Mangels bzw. Reichtums etc.

Eine Auflistung möglicher Risiken umfasst zumindest folgende Kategorien:

- die Destabilisierung westlicher Bündnissysteme,
- Instabilitäten der Staaten in Europa bzw. an der Peripherie,
- eine Bedrohung des Zugangs zu Ressourcen,
- Solidaritätsverpflichtungen sowie
- eine Gefährdung der militärischen Balance in Europa.

Die auf absehbare Zeit wahrscheinlichste Bedrohung deutschen Territoriums ist diejenige über Distanz. Mögliche Mittel der Bedrohung sind:

- Fernwaffen (Trägersysteme: insbesondere ballistische und Marschflugkörper),
- Proliferation von Massenvernichtungsmitteln,
- strategischer Terrorismus (Staatsterror),
- internationale (organisierte) Kriminalität (Drogen, Mafia, Geldwäsche etc.) sowie
- strategische Informationsoperationen.

Darüber hinaus sind deutsche Truppen im Einsatzgebiet, d.h. den Stationierungsräumen und in den Kampfzonen selbst, außer durch die traditionellen Kriegsrisiken insbesondere auch durch Massenvernichtungsmittel gefährdet.

5.3 Mögliche Risikoräume für die Sicherheit Deutschlands – Eine Übersicht

In diesem Abschnitt werden mögliche Risikoräume für die Sicherheit Deutschlands aufgeführt. Eine tabellarische Übersicht befindet sich im Anhang.

Risikoraum Osten

Eine mögliche sicherheitspolitische Entwicklung wäre der Zerfall Russlands. Denkbare strategische Konsequenz könnte in allgemeiner Instabilität und in Grenzkonflikten bestehen, beispielsweise auch in Verbindung mit dem Aufkommen von Flüchtlingsströmen und Kriminalität. Ein nicht völlig auszuschließendes Szenario wäre auch der Bündnisfall (z.B.: Polen).

Risikoraum Nordosteuropa

Nach einer Regeneration Russlands könnte als mögliches Szenario ein russischer Zugriff auf das Baltikum erfolgen oder auch insgesamt (bzw. in Verbindung hiermit) ein strategischer Ausbau der russischen Position an der Ostsee. Auch könnte Russland Druck auf Finnland, Schweden oder Polen ausüben.

Die strategische Konsequenz einer solchen Entwicklung liegt in einer unmittelbaren militärischen Bedrohung Deutschlands (Ostsee als „Krisenrollbahn"). Eine Spaltung der EU ist in diesem Fall ebenso wenig auszuschließen wie der Bündnisfall. Auf jeden Fall würde die europäische Friedensordnung unterminiert, wenn nicht zerstört. Flüchtlingsströme wären hierbei vermutlich noch eine der vergleichsweise „harmlosen" Folgen.

Risikoraum Ost- und Ostmitteleuropa

Ein Zerfall der Ukraine in einen Ost- und Westteil kann nicht mit Sicherheit ausgeschlossen werden. Strategische Konsequenz dieses Szenarios könnte in einer Destabilisierung in Verbindung mit Flüchtlingen, Kriminalität etc. bestehen. In dieser Lage wäre auch ein Eingreifen Russlands sowie eine Ausweitung der Krise auf Polen oder den Balkan denkbar.

Ein anderes Szenario umfasst die Möglichkeit russischen Drucks auf Polen oder auf die Ukraine. Im Hinblick auf Polen könnte dies den Bündnisfall auslösen.

Eine denkbare Variante dieses Szenarios bestünde im russischen Zugriff auf die Ostukraine und die Krim. Dies hätte den Bruch der europäischen Friedensordnung oder deren Destabilisierung zur Folge mit der Möglichkeit der Ausweitung der Krise und einer Involvierung Polens, der Türkei und/oder der USA.

Risikoraum Kaukasus

Eine mögliche Entwicklung könnte in dem Versuch Russlands bestehen, seine Herrschaft über die Kaukasusregion zurückzugewinnen. Dieses Unterfangen könnte in zahlreiche Kleinkriege und in einen Kampf um Öl-Transportwege münden.

Eine nicht auszuschließende strategische Konsequenz könnte die Destabilisierung Russlands mit Auswirkungen auf Nachbarländer wie die Türkei oder den Iran sein. Eine Involvierung der USA ist gleichfalls denkbar. Weitere mögliche Folgen dieser Entwicklung wären eine Beeinträchtigung westlicher Ölinteressen oder auch die Ausbreitung des islamischen Fundamentalismus nach Europa. Im Zuge dieser Entwicklung dürften auch Terrorismus und organisierte Kriminalität verstärkt nach Westeuropa gelangen. All dies ist durchaus dazu geeignet, eine allgemeine Krise in Europa und/oder Nah-Mittel-Ost auszulösen.

Risikoraum Südosteuropa

Anhaltende Instabilität mit lokalen bewaffneten Konflikten auf dem Balkan stellen ein durchaus plausibles Szenario dar. In Folge dessen könnte sich die NATO zu einer Dauerpräsenz gezwungen sehen, was natürlich eine erhebliche Kräftebindung bedeutet. Eine Ausweitung in eine europäische Krise durch die gewollte oder ungewollte Einbeziehung anderer Staaten liegt im Bereich des Möglichen; Flüchtlinge, Kriminalität etc. sind auch hierbei kaum vermeidbare Folgen.

Risikoraum Nordafrika

Eine Destabilisierung Nordafrikas kann den Migrationsdruck auf Europa erhöhen. Revolutionäre Lagen und die Radikalisierung von Regierungen/Parteien in den entsprechenden Ländern kann gleichzeitig eine Radikalisierung islamischer Minoritäten in Europa, aber auch eine Erhöhung der Kriminalität zur Folge haben. Ebenso wenig ausgeschlossen werden können Gefährdungen durch strategischen Terrorismus gegen westliche Länder. Ein weiteres mögliches Szenario bestünde in einer Brückenkopfbildung für andere Mächte sowie in der Proliferation ballistischer und Marschflugkörper in Verbindung mit dem Erwerb oder der eigenständigen Herstellung von Massenvernichtungsmitteln. Mögliche strategische Konsequenzen insbesondere dieser Entwicklung könnten in einer militärischen Bedrohung, zumindest aber in einer Gefährdung von See- und Luftverkehr im Mittelmeer und von westlichen Ölinteressen bestehen.

Risikoraum Nah-Mittel-Ost

Nahe liegende Szenarien sind Krisen oder Kriege zwischen Israel und seinen arabischen Nachbarn. Auch das Auftreten des Irak und des Iran als Hegemonial- bzw. aggressive Regionalmächte erscheinen durchaus im Bereich des Plausiblen. In diesen Fällen kann eine Involvierung der Großmächte nie ausgeschlossen werden; strategische Auswirkungen lokaler Krisen in dieser Region sind daher stets zu erwarten. Wird die Türkei in einen Konflikt hineingezogen, kann sich dies rasch zu einem NATO-Fall ausweiten. Die Aufrüstung der Staaten der Region mit ballistischen und Marschflugkörpern (Iran, Irak, Israel etc.) sowie die Verbreitung von Massenvernichtungswaffen wird vom Westen mit Sorge beobachtet. Mögliche strategische Konsequenz all dieser Entwicklungen kann zu einer Gefährdung strategisch wichtiger Erdölvorkommen und Transportwege für Erdöl führen. Auch kann die Möglichkeit einer Destabilisierung der Golf-Staaten aufgrund revolutionärer Entwicklungen nicht von der Hand gewiesen werden, so dass beispielsweise Kriminalitätsexport und Terrorismus genauso eine Konsequenz sein könnten wie eine allgemeine politische Krise.

Risikoraum Südwestasien

Mögliche Entwicklungen in Südwestasien umfassen Konflikte zwischen dem Iran und Pakistan, zwischen Indien und Pakistan oder auch zwischen dem Iran und dem Irak. Der Krisenherd Afghanistan bleibt vermutlich noch lange Zeit bestehen. Denkbare Folgen hängen mit einer Ausstrahlung auf die Golfregion oder auf Zentralasien zusammen, können in einigen Fällen das Risiko einer nuklearen Auseinandersetzung beinhalten und können sich zu einer allgemeinen globalen Krise mit Involvierung der USA, Chinas und Russlands ausweiten. Deutschland ist in vielfältiger Form betroffen, z.B. durch eine Involvierung seines Bündnispartners USA, durch Flüchtlinge oder aber durch eine Gefährdung seiner Ölversorgung, um nur einige Beispiele zu nennen.

Risikoraum Zentralasien

In Zentralasien ist die Staatenwelt äußerst instabil und nimmt daher den Charakter einer möglichen „Krisenrollbahn" in Ost-West-Richtung an. Auch können krisenhafte Entwicklungen in dieser Region zu einer Initialzündung für russisch-chinesische und chinesisch-indische Konflikte führen. Mögliche strategische Konsequenzen für den Westen bestehen in konträren, offenen und verdeckten Interessenkollisionen zwischen den USA, China und Russland. Stets begleitend ist die Gefahr des Transports von Terror und islamischem Fundamentalismus.

Risikoraum Asien

China könnte als führende Regionalmacht die USA in ihrer stabilisierenden Rolle in Asien herausfordern; viele Indikatoren sprechen dafür, dass es zu einer Konfliktsituation China-USA kommen kann. In diesem Zusammenhang ist auch eine nukleare Risikostrategie nicht auszuschließen. Mögliche strategische Konsequenzen können in einer Konkurrenz um Ressourcen, der Betroffenheit Deutschlands als Verbündeter der USA sowie in der Herausbildung bzw. der Installation von Krisenherden an der europäischen Peripherie bestehen. All dies kann vielfältige Auswirkungen auf die globale Sicherheitslage haben; Stichworte in diesem Zusammenhang sind z.B. der Nuklearstatus, Fragen im Zusammenhang mit dem Vertrag über die Begrenzung von Raketenabwehrsystemen

(ABM-Vertrag) oder auch Auffassungsunterschiede bei der Einschätzung der Proliferation etc. Auch muss die Möglichkeit ins Auge gefasst werden, dass es zu erheblichen Aufrüstungsprozessen kommt.

Weiterhin kann es zu russisch-chinesischen Spannungen kommen, die sich auch gewaltsam entladen können. Dies dürfte nachhaltige Rückwirkungen auf das Verhältnis China-Russland, aber auch Russland-Europa bzw. Russland und dem Westen insgesamt haben.

Auch chinesisch-indische Spannungen, lokale und regionale Konflikte sowie Stellvertreterkriege bilden mögliche Krisen- und Konfliktszenarien. Sie können Auswirkungen auf das globale Macht- und Kräfteverhältnis haben, zu Drehungen der nuklearen Rüstungsspirale führen und insgesamt ein nicht unerhebliches Eskalationspotenzial darstellen.

Wenngleich gerade mit Indien aus europäischer und westlicher Sicht ein kooperatives Verhältnis wahrscheinlicher sein dürfte, muss Indien auch als Machtfaktor verstanden werden, der zu Problemen führen kann. Indien als aufstrebende Regionalmacht mit möglicherweise globalen Ambitionen wird Einfluss bis in die Golfregion und Ostafrika ausüben. Damit kann es auch in Ressourcenkonkurrenz zu Europa treten. Indien wird die Kontrolle der Seewege im Indischen Ozean anstreben und zwar entweder dem Westen freundschaftlich verbunden oder auch in Konkurrenz zu ihm.

5.4 Auf welche Arten und Formen künftiger Kriege bzw. bewaffneter Auseinandersetzungen muss sich Deutschland einstellen?

Deutschland und seine Streitkräfte können auf vielfältige Weise bedroht werden. Im Folgenden wird zwischen unmittelbaren und anderen Formen möglicher Gewaltanwendung unterschieden.

5.4.1 Mögliche direkte Angriffe bzw. Aggressionen

Mögliche direkte Angriffe gegen Deutschland umfassen zunächst die Option strategischen Terrors. Hierunter werden terroristische Akte mit politischem Zweck verstanden, z.B. als Aktionen zur Einschüchterung der Bevölkerung (Ziel könnten Ballungszentren o.Ä. sein) oder gegen Schlüsselpunkte von Staat und Wirtschaft, um die Regierung zu einem bestimmten politischen Verhalten zu zwingen bzw. davon abzuhalten. Entsprechende Angriffe sind auch mit nuklearen, biologischen oder chemischen Kampfstoffen denkbar. Alle diese Maßnahmen könnten Einzelmaßnahmen oder aber Komponenten eines umfassenderen Konzeptes der asymmetrischen Kriegführung sein, um beispielsweise Interventionen oder Sanktionen „des Westens" abzuwehren oder zu vergelten.

Denkbar sind auch Angriffe mit ballistischen oder Marschflugkörpern über interkontinentale bzw. interregionale Distanzen. Flugkörperangriffe könnten als Einzelaktionen mit ähnlicher strategischer Zielsetzung wie oben durchgeführt bzw. angedroht werden oder aber im Rahmen weiterer militärischer Operationen stattfinden. In keinem Fall kann ausgeschlossen werden, dass diese Trägersysteme mit Massenvernichtungswaffen bestückt sind. Vergleichbar mit dieser Option sind mögliche Angriffe mit klassischen Luftkriegsmitteln, auch und gerade von See her, gegen deutsches Territorium im Rahmen einer größeren Aggression, aber auch als einzelne strategische Option zur Ausübung von Druck.

Angriffe gegen wichtige Luft- und Seeverbindungslinien (z.B. systematische Piraterie, Drosselung von Rohstoffzufuhren o.Ä.), finden zwar außerhalb deutschen Territoriums statt, können deutsche Interessen aber ebenfalls unmittelbar empfindlich schädigen. Auch ist an internationale Bandenkriminalität größeren Maßstabes zu denken, die die soziale und wirtschaftliche Stabilität in Deutschland gefährden kann. Die Abwehr liegt primär im polizeilichen Aufgabenbereich, aber die mögliche Abstützung auf „kritische Staaten" oder eine die polizeilichen Mittel übersteigende Größenordnung kann auch einen militärischen Aspekt hinzufügen.

In einem ähnlichen Grenzbereich liegen Angriffe gegen das Informations- und Kommunikationssystem, allerdings mit dem Unterschied, dass damit direkte strategische Ziele, z.B. die Lähmung der staatlichen oder militärischen Handlungsfreiheit Deutschlands verfolgt werden können.

5.4.2 Weitere mögliche Formen bewaffneter Konflikte

Die strategischen Veränderungen in Europa haben Deutschland auf absehbare Zeit vom Risiko befreit, unmittelbar mittels klassischer Landkriegsoperationen angegriffen zu werden. Die Erhaltung dieses günstigen Umstandes ist ein grundlegendes deutsches Interesse. Sie setzt voraus, dass Deutschland bereit ist, sich notfalls rechtzeitig außerhalb des eigenen Territoriums zu engagieren. Gleiches folgt auch aus der Einsicht, dass militärische Verteidigung nicht mehr im nationalen Alleingang bewirkt werden kann, also die Bereitschaft zur Unterstützung Verbündeter einschließen muss. Schließlich ist es strategisch effektiver, Krisen im frühen Stadium zu bekämpfen, d.h. möglichst am Ursprungsort, jedenfalls aber, bevor sie das eigene Territorium erreichen. Deutsche Streitkräfte werden daher, von der Heimatverteidigung (s.o.) abgesehen, künftig außerhalb Deutschlands eingesetzt und mit allen denkbaren Konfliktformen konfrontiert werden.

Die Möglichkeiten, Form, Art und Intensität eines Konfliktes selbst zu bestimmen, finden ihre natürliche Grenze in dem Willen, der Konfliktfähigkeit und -bereitschaft der jeweiligen Gegenseite. Jeder Einsatz schließt daher die Gefahr einer Eskalation oder einer Ausweitung ein. Dies gilt besonders für die Fälle, in denen von vornherein die Anwendung militärischer Gewalt als entscheidendes Mittel vorgesehen ist. Aber auch wenn friedenserhaltende Maßnahmen im Vordergrund stehen, muss stets mit einer Mutation der Krise gerechnet werden. In die langfristige Perspektive ist deshalb das ganze Spektrum möglicher militärischer Auseinandersetzungen einzubeziehen:

Der Gegner kann aus mechanisierten und, zumindest teilweise, hochtechnisierten Kräften bestehen, aber auch aus Guerillakämpfern, verdeckt kämpfenden Banden oder traditionell kämpfenden Stammeskriegern. Während die Bedrohung aus der Luft durch eigene Überlegenheit noch auf längere Sicht unter Kontrolle gehalten werden kann, werden sich die Möglichkeiten der gegnerischen Flugabwehr/Luftverteidigung verbessern (z.B. SA-300). Bei allen größeren Krisen an der europäischen Peripherie ist mit ballistischer oder aerodynamischer Flugkörperbedrohung zunächst gegen die Truppen im

Stationierungsgebiet und in der Kampfzone, schließlich aber auch gegen das Heimatland zu rechnen.

Wenn ethnische und/oder ideologische Motive den Konflikt bestimmen, muss mit hartnäckigen und blutigen Kämpfen oft jenseits der (westlich geprägten) Normen des Kriegsvölkerrechtes gerechnet werden (vgl. Abschnitt 3.4).

Es wird auch künftig klassische konventionelle Operationen geben, schnell ablaufend, raumgreifend, ohne starre Fronten, in der Regel teilstreitkräftegemeinsam geführt. Diese Form des Krieges wird vor allem dann auftreten, wenn eine Seite eine rasche und vollständige Entscheidung sucht. Der „Westen" wird auf seine technologische Überlegenheit bauen, d.h. Steigerung von Schnelligkeit, Reichweite, Feuerkraft. Dennoch wird der Kampf mit dem Produkt aus Moral, Qualität und Quantität das entscheidende Element bleiben.

Im Landkrieg bleibt die Mechanisierung dominierend, bei durchaus veränderlichem Mix von leicht, mittel und schwer, sie wird allenfalls durch Luftmechanisierung ergänzt bzw. partiell abgelöst, wobei sich die Kosten rasch als prohibitiv hoch erweisen könnten. In allen Ländern, die für einen möglichen Einsatz deutscher Streitkräfte in Frage kommen, bestimmt der Kampfpanzer allerdings noch auf Jahrzehnte hinaus das Bild. Neben der Kampfmaschine und den Automaten behält die modern gerüstete infanteristische Kampfkraft ihren Stellenwert, sowohl in allgemeiner taktischer und operativer Sicht als auch für Spezialaufgaben.

Die Größenordnungen der benötigten Kräfte bewegen sich zwischen einigen zehntausend bis einigen hunderttausend Mann, für das deutsche Kontingent heißt das: zwischen Kampfverband- und Korpsstärke (bzw. dem Äquivalent). Die Einsatzdauer kann Monate, aber auch Jahre betragen.

Friedenserhaltende/-schaffende Einsätze stellen nicht nur besondere Anforderungen, wie flächendeckende Kontrolle von Räumen – ein extrem personalintensives Unterfangen –, Aufrechterhaltung der öffentlichen Ordnung usw., sie können auch zu diffusen Krisen- und Kampfsituationen führen, die schlimmstenfalls in permanente, verlustreiche Kleinkriegslagen münden.

6 Zusammenfassung und Sensitivitätsbetrachtungen: Das strategische Umfeld Deutschlands im Jahre 2030

Die strategischen Rahmenbedingungen für die Rolle und den Einsatz der Bundeswehr im Jahre 2030 sind in groben Zügen bekannt. Natürlich können die internationalen Entwicklungen über die nächsten drei Jahrzehnten nicht genau bestimmt und die Risiken nicht exakt kalkuliert werden. Sicherheitspolitik muss jedoch vom Selbstverständnis her mit unbekannten Größen umgehen und Unsicherheiten durch entsprechende Vorsorge Rechnung tragen. Wahrscheinlichkeitsannahmen sind hierbei nur von begrenztem Nutzen.

Geht es um die existenzielle Sicherheit eines Landes, wird eher die anzunehmende Schadenshöhe der Bezugspunkt sein als die Konfliktwahrscheinlichkeit.

Abzuwägen ist jedoch, dass Vorbereitungen auf den unwahrscheinlichsten, wenngleich gefährlichsten Fall nicht dazu führen dürfen, dass man auf die wahrscheinlicheren Fälle nicht vorbereitet ist. Gleichzeitig muss geprüft werden, wie groß die planerischen Unterschiede zwischen den einzelnen Szenarien wirklich sind und ob die Vorbereitung auf ein „großes" Szenario die anderen, weniger fordernden Einsatzoptionen nicht im Wesentlichen mit abdecken kann.

Bevor Folgerungen für die Streitkräfteplanung der Bundeswehr aus der vorliegenden Untersuchung gezogen werden, seien hier die wichtigsten Ergebnisse noch einmal in knapper Form zusammengefasst. Gleichzeitig ist zu prüfen, inwieweit die einzelnen Entwicklungstrends für die Streitkräfteplanung überhaupt relevant sind und inwieweit sich eine Veränderung der zugrunde liegenden Annahmen oder der Ergebnisse auf die Planung auswirken würde. Mit anderen Worten: Kann man

Streitkräfte in einer Art und Weise konzipieren und planen, die vergleichsweise insensitiv gegenüber erheblichen Unsicherheiten und Annahmeschwankungen ist? Und kann man Streitkräfte so ausrüsten und planen, dass sie für die wahrscheinlichen Aufgaben und Randbedingungen gut gerüstet sind, ohne jedoch gleichzeitig die Erfordernisse des Schutzes vor existenziellen Bedrohungen – ungeachtet der Unwahrscheinlichkeit ihres Eintretens – zu vernachlässigen?

Die in Kapitel 2 dargestellten zwei Szenarien über denkbare Entwicklungen Europas und zwei Szenarien über das mögliche sicherheitspolitische Umfeld Europas dienten der Illustrierung möglicher Entwicklungstrends im „mittleren Bereich". Ohne auf „Extrembeispiele" zurückgreifen zu müssen, wurde dennoch deutlich, wie sehr die Entwicklungen in unterschiedliche Richtungen gehen könnten.

Zu den beiden politischen Entwicklungsszenarien für Europa ist Folgendes anzumerken:

Die Europäische Union ist selbst im Falle einer äußerst erfolgreichen Fortsetzung des Integrationsprozesses noch weit davon entfernt, auf militärischem Gebiet die Intensität der Zusammenarbeit, wie sie in der NATO seit Jahrzehnten üblich ist, zu erreichen.

Selbst dann: Solange nationale Parlamente über den Einsatz der Streitkräfte entscheiden, werden die Instrumente zwar weitgehend integriert, aber eben noch nicht vollständig „vergemeinschaftet" sein können. So wird zunächst jedes Land dafür verantwortlich sein, einen angemessenen nationalen Anteil an Streitkräften in die europäische Verteidigungszusammenarbeit einzubringen, ohne auf die Möglichkeit zu verzichten, gegebenenfalls erhebliche Teile diesen Anteils auch wieder herauszunehmen und im Rahmen anderer Koalitionen einzusetzen. Dies gilt ungeachtet zukünftiger „pooling"-Lösungen und gemeinsamer Beschaffungsvorhaben, die ja auch im Rahmen der NATO bereits möglich waren.

Gegenwärtig kann kein Land auf grundlegende militärische Fähigkeiten mit dem Hinweis verzichten, dass irgendwann eventuell europäische Streitkräfte aufgestellt werden könnten. Auch im Falle der Herausbildung der Vereinigten Regionen von Europa wird sich jedes Land mit bestehenden Streitkräften und militärischen Fähigkeiten in die Gemeinschaft einzubringen haben. Kommt es nicht zur Gründung einer vergemeinschafteten Verteidigung, werden ungeachtet aller Kooperation nationale Streitkräfte weiterhin Bestand haben.

Die beiden Szenarien, die sich mit dem sicherheitspolitischen Umfeld Europas im Jahre 2030 befassen, legen zunächst die Schlussfolgerung nahe, dass im Falle eines „friedlicheren“ Umfeldes die Rolle und Bedeutung militärischer Macht signifikant abnimmt. Der Unterschied zwischen einem vergleichsweise friedlichen Umfeld und einem bedrohungsintensiven wird im Hinblick auf die Anforderungen an die Streitkräfte und auf die Bedingungen ihres Einsatzes erwartungsgemäß erheblich sein. Beim genaueren Hinsehen ergibt sich jedoch ein differenzierteres Bild:

Diplomatie gibt man nicht auf, weil sie erfolgreich ist, wirtschaftliche Unternehmen schließt man nicht, wenn sie Gewinn erzielen; soll man nun, da die gewalthemmende, stabilisierende und absichernde Wirkung militärischer Machtbalancen erfolgreich ist, eine der Grundlagen für diesen Erfolg, nämlich die militärische Macht selbst, abbauen?

Die Antwort auf diese Frage hängt von Annahmen ab, deren Verifizierung oder Falsifizierung kaum möglich ist. Man kann die Annahme treffen, dass militärische Macht an sich – selbst in ausbalancierter Form – bereits eine Ursache von Spannungen ist. Jedoch werden Machtdifferenzen zwischen den USA und Westeuropa zwar von den Europäern oftmals als unbefriedigend, aber kaum als Bedrohung empfunden. Vieles spricht also für die Vermutung, dass Spannungen oder Bedrohungsperzeptionen eher politisch begründet als auf die Tatsache zurückzuführen sind, dass militärische Macht im Spiel ist.

Weiterhin kann man die Annahme treffen, dass militärische Macht verzichtbar sei, wenn keine politischen Spannungen vorliegen. Diese Annahme ist jedoch immanent statischen Charakters, d.h. die politische Großwetterlage und die Intentionen der anderen Seite dürfen sich nicht ändern. Wer will dies jedoch mit Sicherheit voraussagen? Ferner betrachtet man in diesem Fall nur *eine* Gegenseite. Falls Streitkräfte jedoch primär der Rückversicherung gegenüber möglichen Bedrohungen aus *anderen* Regionen dienen, dann wird man gegenüber den anderen Staaten innerhalb der *eigenen* Region möglichst auf eine Balance der Kräfte achten. Dies zu unterlassen, erschiene nur dann vertretbar, wenn ernsthaft behauptet werden könnte, dass drastische Ungleichgewichte im Kräfteverhältnis *keinerlei* Auswirkungen auf die politischen Beziehungen zwischen potenziell rivalisierenden Partnern hätten. Mit anderen Worten: Würde Europa nahezu vollkommen abrüsten, Russland jedoch nicht, dürfte das nunmehr gestörte Machtgleichgewicht keinerlei Auswirkungen auf russisches Verhalten haben und auch die osteuropäischen Partner nicht beunruhigen – eine für die nächsten Jahrzehnte doch recht unrealistische Annahme.

Staaten unterhalten in der Regel Streitkräfte. Regional betrachtet wirken sich Machtgleichgewichte zwischen nicht auf das Engste miteinander verbündeten Staaten stabilisierend aus – im Gegensatz zu drastischen Ungleichgewichten. Die Bedeutung militärischer Macht wird in erster Linie durch ihren politischen Nutzen bestimmt. Der Erfolg einer Nutzung militärischer Macht zur Veränderung des Status quo hängt maßgeblich von einer Gegenmacht ab, die dies prophylaktisch oder im Kampf verhindert (zumindest durch Wiederherstellung des Status quo ante).

Wenn aufgrund aktuell guter politischer Beziehungen die Bedeutung militärischer Macht im Verhältnis zwischen Staaten sinkt, dann ist damit noch nicht die Frage beantwortet, ob dies nicht in Wirklichkeit das Ergebnis erfolgreicher Konfliktverhütung durch eben diese militärische Machtbalance ist. Wenn also die Bedeutung militärischer Macht zu sinken scheint, denn vielleicht primär deswegen, weil sie konfliktpräventive bzw. abschreckende Wirkung zeigt.

Ausgewogene Kräfteverhältnisse werden den politischen Beziehungen zwischen Staaten kaum schaden; die Auswirkungen eines Verzichtes darauf sind hingegen mit erheblichen Unsicherheiten verbunden. Verantwortungsvolle Sicherheitsvorsorge kann auf das militärische Instrumentarium daher kaum verzichten. Die Frage ist also, ob die Bedeutung militärischer Macht relativ gesehen auch dann noch abnimmt, wenn dieser Faktor abgebaut würde. Vielleicht führt erst die Abrüstung unbeabsichtigt zu einem Bedeutungsgewinn militärischer Macht. Der einseitige Abbau der militärischen Macht eines Staates ist eigentlich erst dann politisch zu verantworten, wenn sichergestellt werden kann, dass nicht ein anderes Land durch überraschende Koalitionsbildung oder unvorhergesehene militärische Maßnahmen plötzlich einen Vorteil erlangen kann. Es scheint unwahrscheinlich, dass dieser Zustand in den nächsten 30 Jahren erreicht werden kann.

Eine weitere Frage ist jedoch, auf welchem Rüstungsniveau das Gleichgewicht angestrebt und ob es bi- bzw. multilateral oder unilateral sichergestellt werden sollte. Machtgleichgewichte auf vergleichsweise niedrigem Rüstungsniveau könnten sich als weitaus weniger stabil erweisen als Machtbalancen auf hohem Streitkräfteplafond. Wichtig ist in diesem Zusammenhang die Erkenntnis, dass bei der Alternative, einen möglichen Angreifer zu schwächen oder den Verteidiger zu stärken, es sich in nahezu allen Fällen als erfolgreicher erweisen wird, den Verteidiger zu stärken.

Weder Angriff noch Verteidigung sind allerdings „ausschließliche“ Aktivitäten. Eine strategische Offensive schließt Verteidigungsoperationen ein, die wiederum den Angriff als Gefechtsart beinhalten können. Umgekehrt kann eine defensive strategische Zielsetzung eine offensive Operationsführung erfordern, die ihrerseits auch Verteidigungsgefechte einschließt. Ein entscheidender Bestandteil der Defensive ist der Gegenangriff; eine entscheidende Komponente der Offensive ist die Verteidigung gegenüber Gegenangriffen. Clausewitz zufolge ist die hypothetische Annahme einer ausschließlich passiven Verteidigung schlicht absurd und steht im Widerspruch zum Charakter des Krieges selbst.

Wenn folglich *beide* Kriegsparteien in *beiden* Formen von Aktivitäten engagiert sind, dann ist der entscheidende Unterschied zwischen Angriff und Verteidigung nicht prinzipieller Natur; vielmehr liegt er im Bereich der Reihenfolge und des Schwerpunktes. Wenn also Clausewitz die Auffassung vertritt, dass Verteidigung die dem Angriff überlegene Form der Kriegführung ist, dann sagt er damit im Grunde nichts anderes aus, als dass es besser ist, als zweiter denn als erster anzugreifen. Verteidigung ist somit nur dann die stärkere Form der Kriegführung, wenn es sich um eine „aggressive" Form der Verteidigung handelt, also eine Defensive, die entschlossen die Gefechtsform des Gegenangriffs nutzt bzw. sogar in eine Gegenoffensive übergeht. Mit anderen Worten:

Der Erfolg der Verteidigung beruht entscheidend auf dem Gegenangriff; die Überlegenheit der Defensive gegenüber der Offensive bezieht sich auf die Überlegenheit der Gegenoffensive im Vergleich zur Invasion.

Aus der Fähigkeit zum Angriff kann für sich genommen keine Schlussfolgerung im Hinblick auf die operative oder politisch-strategische Zielsetzung gezogen werden, mit der die Streitkräfte eingesetzt werden. Viele frühere Rüstungskontrollansätze zielten folgerichtig auch nicht auf eine Beschränkung der Angriffsfähigkeit, sondern auf die Fähigkeit zur raumgreifenden Invasion. Jedoch müsste angesichts der neuen Rahmenbedingungen auch dieser Ansatz in Frage gestellt werden, da es sicherheitspolitisch geboten erscheinen kann, ein Land, das eine Aggression begangen hat, zu besetzen bzw. ein erobertes Land zu befreien. Kuwait wurde nicht mit „defensiver Verteidigung" befreit; die Kosovo-Albaner konnten deshalb in ihr Land zurückkehren, weil sich Deutschland und das Bündnis nicht auf „defensive" Maßnahmen beschränkten. Für Deutschland steht die defensive Ausrichtung seiner *strategischen* Zielsetzung fest. Deren Umsetzung wird gegebenenfalls jedoch auch die Teilnahme an einer offensiven Militäroperation beinhalten müssen.

Machtbalance auf höherem Niveau tendiert dazu, den Verteidiger zu bevorteilen. Ab einem bestimmten Kräfteplafond wirkt sich der abnehmende Grenznutzen zusätzlich verfügbarer Kräfte in einer Weise aus, die dem Angreifer keinen Vorteil mehr bietet. Kriseninstabilitäten aufgrund vom beim Gegner wahrgenommenen Schwächen und Verwundbarkeiten können bei einem allzu großen Absinken des Balanceniveaus ebenso auftreten wie Fehlperzeptionen hinsichtlich eigener Erfolgsaussichten.[24]

In der vorliegenden Untersuchung wurde gezeigt, dass viele Gründe für die Annahme sprechen, dass die Rolle militärischer Macht in internationalen Beziehungen auch in Zukunft bedeutsam ist. Die oben stehenden Überlegungen verdeutlichen, dass ein militärisches Machtgleichgewicht nicht ohne potenziell schwerwiegende Folgen für die Stabilität aufgegeben werden und nicht auf ein zu niedriges Niveau absinken darf. Dies kann bi- bzw. multilateral vereinbart werden, muss es aber für eine erfolgreiche konflikthemmende Wirkung und ein konstruktives politisches Verhältnis der Hauptakteure zueinander nicht zwingend. Sich vernünftig (im Sinne der Stabilitätssicherung) zu verhalten, setzt keine vertragliche Übereinkunft voraus.

Weitere in Kapitel 3 untersuchte Entwicklungstrends in der internationalen Politik beziehen sich auf die Rolle von Nationalstaaten. Der Nationalstaat wird von mehreren Seiten gleichzeitig in Frage gestellt. Auf zwischenstaatlicher Ebene entwickel sich ein immer dichteres Netz an Kooperation oder sogar – im Falle der Europäischen Union – an Integration, die souveräne nationale Entscheidungen relativieren oder vielfach gar nicht mehr zweckmäßig erscheinen lassen. Am Anfang steht jedoch stets ein unilateraler Akt: die Definition nationaler Interessen, auch wenn sie multilateral verfolgt bzw. umgesetzt werden sollten und die Interessen der Partner mitberücksichtigen.

Dennoch bleiben in der Sicherheitspolitik der Staat, der für den Schutz seiner Bürger verantwortlich ist, und das nationale Parlament, das über den Streitkräfteeinsatz entscheidet, die entscheidenden demokratisch legitimierten Institutionen – zumindest noch für lange Zeit.

Der Staat wird jedoch auch durch die Nichtregierungsorganisationen (NGOs) herausgefordert, die, insbesondere in Verbindung mit den Medien, über erheblichen Einfluss verfügen.

Weiterhin relativiert sich die Macht des Staates durch die Massenmedien, insbesondere das Fernsehen, aber auch die internationale Presse, sowie durch die Globalisierung wirtschaftlicher Macht. Ein Unternehmen kann seinen Firmensitz im Ausland nehmen, Produktionsbereiche auslagern, Investitionen in Ländern mit günstigeren Bedingungen tätigen. Der Staat wird sich als Dienstleister diesem Wettbewerb stellen und nachweisen müssen, dass er sowohl den Bürgern Sicherheit als auch den Firmen ein günstiges Umfeld bietet.

Aufgrund seiner demokratischen Legitimation, aufgrund des innerstaatlichen Gewaltmonopols, aufgrund seiner Steuereinnahmen und seiner Macht, wenn er sie geschickt und bürgernah zu nutzen versteht, wird der moderne Nationalstaat eine Zukunft haben. Zumindest gibt es mit Blick auf die nächsten Dekaden keinen Grund, seine Rolle und Bedeutung für die Sicherheitspolitik vollkommen in Frage zu stellen. Allerdings ist sein eigener Erhalt im Rahmen der westlichen Demokratien nur dann gesichert, wenn er sich als Dienstleister bewährt.

Die Entscheidung von Industrien oder Menschen bezieht sich nicht auf die Wahl zwischen Staat oder Nicht-Staat, sondern ausschließlich darauf, in welchem Staat sie sich niederlassen. Und auch diese Wahl ist oftmals alles andere als frei. Zwar steigt der Wettbewerbsdruck, dem sich der Staat ausgesetzt sieht, an; als institutionalisierter Ausdruck der Organisation einer Bevölkerung auf einem bestimmten Stück Land wird er jedoch seine Rolle noch für viele Dekaden behalten. Sicherheitspolitik wird sich daher auf staatliche Akteure zu beziehen haben, zumal alle oben genannten Gedanken in vielen anderen Weltregionen keine vergleichbar prominente Rolle spielen.

Die rechtliche Einhegung der Gewalt im Kriege wird nur innerhalb eines Kulturkreises gelingen oder zwischen Kulturkreisen, die über eine vergleichbare Wertehierarchie verfügen. Die Realität auf dem Balkan oder im Kaukasus zeigt, dass sich einige Kämpfer nicht als aufgeklärte, dem Humanismus verschriebene „Staatsbürger in Uniform" empfinden. Dies darf Deutschland nicht dazu veranlassen, von seinem Menschenbild abzurücken, muss jedoch deutschen Soldaten eine Warnung sein: Andere halten sich nicht zwingend an die gleichen Spielregeln. Gute Ausbildung und gute Ausrüstung bieten Schutz. Diesen zu gewährleisten liegt in der Verantwortung der Politik, der die Soldaten anvertraut worden sind. Hieran wird sich auch in 30 Jahren nichts ändern; die Anforderungen werden allerdings steigen, wenn die Politik deutsche Soldaten in fremde Kulturkreise entsendet.

Das Völkerrecht kann sich in den nächsten Jahren und Jahrzehnten weiterentwickeln. Dies wird aber an der Grundtatsache nichts ändern, dass Recht haben und Recht bekommen zwei verschiedene Dinge sind. Bei der Wahl, das Völkerrecht *oder* die größere Militärmacht auf seiner Seite zu haben, werden sich die meisten Staaten für Letzteres entscheiden. Beide Aspekte zu vereinen mag die aus westlicher Sicht bevorzugte Option sein. Es wäre allerdings zu wünschen, dass diejenigen, die eine Weiterentwicklung des Völkerrechts fordern, gleichzeitig für verstärkte Verteidigungsanstrengungen eintreten. Wer schützt anderenfalls diejenigen, die völkerrechtlich Recht haben, vor denjenigen, die diese Ordnung herausfordern bzw. gegen das Recht verstoßen?

Recht zu setzen, ohne auf die Durchsetzung des Rechts zu achten, ist ein gefährliches Unterfangen. Wer aber bestraft die Großen? Und wer stellt die Truppen zur Durchsetzung des Rechts?

Es muss davon ausgegangen werden, dass es ungeachtet der Weiterentwicklung des Völkerrechts in den nächsten 30 Jahren auch weiterhin Nationalstaaten und militärische Macht geben wird. Der Einsatz von Streitkräften erfolgt im Einklang mit dem Völkerrecht, entgegen dem Völkerrecht oder der Einsatz ist schlicht umstritten. Ob der Rechtsstreit nun dazu führen wird, den Sieger, falls er Unrecht hat, zu bestrafen, darf bezweifelt werden.

In der vorliegenden Untersuchung wird davon ausgegangen, dass die völkerrechtliche Kodifizierung und Normierung „anständigen Verhaltens" auf der internationalen Bühne eine der Staatenwelt zivilisatorisch gut anstehende Maßnahme ist. Sie darf jedoch die Tatsache nicht verkennen, dass es in den nächsten 30 Jahren keine demokratisch legitimierte Weltregierung von irgendeiner machtpolitischen Relevanz mit Weltgesetzgebung, Weltparlament, Weltpolizei, unabhängigen Weltgerichten und Weltgefängnissen geben wird.

Wie eingangs bereits formuliert: Ein Prüfstein für die Relevanz des Völkerrechts als Konfliktregelungsmechanismus ohne militärische Durchsetzungsinstrumente könnte die Frage sein, ob ein Staat eine drastische Reduzierung seiner Verteidigungsanstrengungen mit der Begründung einleitet, dass er sich durch das Völkerrecht geschützt fühlt. Bürger, die sich durch ihren Staat und die Polizei geschützt fühlen, müssen sich nicht bewaffnen. Wer schützt die „Weltbürger"? Die Vermutung liegt nahe, dass eine Weltregierung – deren Realisierbarkeit hier heftig bestritten wird – nicht zu Weltfrieden, sondern zu Weltbürgerkrieg führen würde.

Aber selbst wenn die hier vertretene These sich als falsch und das Völkerrecht sich als stärker und durchsetzungsfähiger als hier angenommen erweisen sollte, bleibt ein Rechtsstaat ohne Polizei so utopisch wie das Völkerrecht ohne Instrumente zu dessen Durchsetzung und zu dessen Schutz. Wer, wenn nicht Nationen, Regionen oder welche Entität auch immer, wird die Streitkräfte bereitstellen, wer wird sie befehligen und wer wird ihren Einsatz politisch zu verantworten haben?

Der deutsche Streitkräfteplaner kann aus der Sicht des Realpolitikers getrost seine Planung durchführen; die grundlegenden Parameter, wie sie hier genannt oder dargestellt wurden, sind bekannt. Die größte Unbekannte sind diejenigen Politiker, die humanitäre Interventionen im Einklang mit einem weiter entwickelten Völkerrecht fordern. Auf deutsche Streitkräfte, aber auch auf diejenigen unserer Verbündeten, kommen unzählige Aufgaben ungeahnter Größenordnungen zu, wenn sich dieses Interventionskriterium flächendeckend und konsequent durchsetzen sollte.

Mehr Völkerrecht bedeutet nicht weniger, sondern mehr Interventionen.

Ähnlich verhält es sich mit der Globalisierung von Wirtschaft und Finanzen. Wer schützt die vernetzte, verwundbare

Welt? Übertragungswege für Viren, Computerviren durch das Internet und biologische Viren über moderne Verkehrsverbindungen nutzende Reisende, nehmen aufgrund der steigenden Computer- und Internetnutzung sowie der vermehrten Geschäfts- und Urlaubsreisen zu. Gleichzeitig wird man sich aufgrund der engen wirtschaftlichen Verflechtung, die weder friedensfördernd noch konfliktbegrenzend wirkt, von Krisen zunehmend weniger abkoppeln können. Wechselseitige Abhängigkeiten erhöhen Interventionserfordernisse, wenn ein Land als Lieferant wichtiger Produkte aufgrund regionaler oder lokaler Krisen ausfällt. Vernetzung bedeutet nicht weniger, sondern *mehr* Intervention.

Piraterie und Entführungen werden sich als lukrativer Geschäftszweig verstärkt etablieren. Die Situation ist zwar nicht neu – wie man aus Piratenfilmen weiß –, verschärft sich aber aufgrund der Globalisierung und engeren wirtschaftlichen Verflechtung. Werden Staaten nicht dazu in der Lage sein, ihre Bürger und Geschäftsleute im Ausland sowie die internationalen Verkehrswege zu schützen, so werden multinationale Konzerne, Firmenkonsortien und internationale Kartelle diese Aufgaben übernehmen – ähnlich wie im Inland die Wach- und Schließgesellschaften und Sicherheitsdienste, mit letztlich jedoch anderen und weitergehenden Folgen.

Der Staat muss, will er seine Rolle und Bedeutung erhalten, die Instrumente bereitstellen und den Willen aufbringen, seine vitalen Interessen zu schützen. Tut er dies nicht, schafft er Zonen der Unsicherheit, in denen sich dann rivalisierende Gruppen etablieren und bekämpfen können und in die schließlich ein anderer Staat oder eine andere politische Macht im eigenen Sicherheitsinteresse eindringt.

Die Verteidigung des Landes und der Schutz seiner Bürger ist die vornehmste und wichtigste Aufgabe des Staates. Die Verteidigung des Landes darf unter den heutigen sicherheitspolitischen Gegebenheiten jedoch nicht mehr verengt territorial verstanden werden. Die zukünftige Rolle und Bedeutung des Staates wird in erster Linie durch ihn selbst bestimmt, wobei die Einflussfaktoren, die seine Rolle relativieren, zunehmen. Die Globalisierung von Wirtschaft und Finanzen spielt hierbei eine maßgebliche Rolle. Industriefirmen können aber die Rahmenbedingungen nicht setzen, aufgrund derer sie funktionieren. Es ist davon auszugehen, dass der Staat daher Hauptakteur in den internationalen Beziehungen des Jahres 2030 bleibt.

Die Entwicklung einer globalen Zivilisation wird, neben der Idee eines „Kampfes der Kulturen“ („Clash of Civilizations“, Huntington), intensiv diskutiert. Wie auch immer die Diskussion – aber noch wichtiger: die reale Entwicklung – im Hinblick auf eine Angleichung oder ein „Aneinandergeraten“ der Kulturen ausgehen mag, steht doch eines fest: Selbst wenn alle interkulturellen Spannungen und Rivalitäten beseitigt wären, bedeutete dies kaum – und schon gar nicht zwingend – ein Mehr an Frieden. Die überwiegende Anzahl der Kriege wurde zwischen Nationen des gleichen oder eines durchaus vergleichbaren Kulturkreises geführt. Die christlicheuropäischen Länder werden vermutlich in jeder diesbezüglichen Statistik die obersten Plätze belegen. Außerhalb unseres Kulturkreises werden die Konflikte nicht notwendigerweise „freundlicher“ ausgetragen. Von daher: Keine Entwarnung für Streitkräfteplaner in den nächsten Jahrzehnten.

Man wird sich auf alles einzustellen haben, was in irgendeiner Art und Weise dazu geeignet erscheint, Machtinteressen durchzusetzen – gegebenenfalls auch mit Gewalt unter Verstoß gegen alle „Regeln“.

Diese Feststellung wird noch verstärkt durch die Betrachtung von Idealen und Ideologien und deren absehbare Entwicklung in den nächsten Jahrzehnten. Mit Idealen im Kopf kämpft und stirbt es sich allemal leichter, und Ideologen im weiteren Sinne haben noch nicht zur Kenntnis genommen, dass es sie eigentlich nicht mehr geben darf – so zumindest denen zu Folge, die das „Ende der Geschichte“ propagierten.

Bevölkerungs- und Umweltprobleme können sich im Jahre 2030 in verschärfter Form darstellen – oder auch nicht. Trendextrapolationen sind in diesem Bereich kaum möglich und schon gar nicht sinnvoll. Klar ist nur, dass beide Faktoren keine Erfindungen des 20. Jahrhunderts sind. Solange es Menschen gibt, streitet man sich um Wohn- und Schweifgebiete und um Ressourcen. Es gibt keinen Grund, warum sich dies grundlegend ändern sollte.

Die Arroganz, mit der man in westlichen Zivilisationen gerne Verständnislosigkeit demonstriert, wenn es in Ländern der so genannten „Dritten Welt" um ein kleines Eiland oder andere Grenzstreitigkeiten geht, für die Kriege geführt werden, ist heuchlerisch.

Die Falkland-Inseln waren ein genauso guter Kriegsgrund wie es Ceuta und Melilla sein könnten. Und wenn es dann noch Öl gibt ...

Süßwasser wird mit hoher Wahrscheinlichkeit Kriegsgrund bleiben, ohne dass vorausgesagt werden kann, ob man sich nicht auch friedlich wird einigen können. Da die Form einer militärischen Auseinandersetzung um Ressourcen und Umwelt keine erkennbare Besonderheit gegenüber Kriegen aufweist, die aus anderen Gründen geführt werden, wird sich Streitkräfteplanung auch nicht gesondert darauf einzustellen haben.

Der Wettbewerb um knappe Ressourcen wird zunehmen; sicherzustellen, dass er wirtschaftlich und nicht militärisch ausgetragen wird, ist vornehmste Aufgabe der Diplomatie, der Wirtschaftspolitik und – nicht zuletzt – der Verteidigungspolitik.

Eine Besonderheit weist die demographische und kulturelle Entwicklung jedoch auf: Im Jahre 2030 wird die städtische Bevölkerung doppelt so groß sein wie die ländliche. Häuserkampf könnte daher einen größeren Stellenwert im Rahmen militärischer Auseinandersetzungen einnehmen als zuvor. Gleichzeitig gilt mithin auch, dass die Stadtbevölkerung – zumindest solange sie sich noch nicht ausschließlich von Pillen ernährt – auf Zulieferung von Lebensmitteln von außen angewiesen ist. Wer Land und Zugangswege kontrolliert, kann natürlich auch langfristig Städte kontrollieren. Jedoch kann man sich des Eindrucks nicht erwehren, dass einem auch diese Situation aus der Geschichte bekannt vorkommt.

Die Trends in der Technologieentwicklung ergeben ein uneinheitliches Bild. Fortschritte beispielsweise im Offensivbereich werden Fortschritte im Bereich der Defensivwaffen bzw. bei Gegenmaßnahmen nicht verhindern können. Daher ist jede konkrete Prognose nichts anderes als eine Momentaufnahme. Einige generelle Trends zeichnen sich zwar ab, Folgerungen hieraus abzuleiten ist jedoch schwierig.

Natürlich muss die Rüstungstechnologie dem allgemeinen technologischen Stand einer Gesellschaft entsprechen. Seine Soldaten nicht mit dem besten zur Verfügung stehenden Gerät auszurüsten, ist schlicht unverantwortlich. Gleichzeitig bedeutet technologische Überlegenheit nicht automatisch den garantierten Sieg, wie ganze Bibliotheken der Kriegsgeschichte zeigen.

Westliche Hochtechnologiegesellschaften müssen bei der Ausrüstung ihrer Streitkräfte einerseits auf das setzen, was ihnen allgemein Wettbewerbsvorteile verschafft: Hochtechnologie. Andererseits wird die Antwort nicht-westlicher Gesellschaften auf eben diese Überlegenheit westlicher Streitkräfte vielfältig sein und den relativen Vorteil der Technik teilweise oder ganz aufheben. Die Reaktion auf überlegene westliche Luftmacht beispielsweise liegt zum einen in dem Bemühen um die Beschaffung moderner Luftverteidigungssysteme (z.B. aus Russland) und zum anderen in taktisch-operativen Antworten: Man zieht sich in Dörfer und Wälder zurück und vermischt sich mit Zivilisten. In einer Vielzahl dieser und vergleichbarer Einsatzszenarien wird der Westen Luftmacht in nur begrenztem Umfang einsetzen können. Irgendwann ist der Zeitpunkt gekommen, an dem man mit Bodentruppen einmarschieren muss.

Doch selbst auf dem Gebiet der Technologie liegt der Vorteil nicht zwingend auf westlicher Seite.

Mechanisierte Großverbände führen und Land-Luft-Schlachten schlagen kann nicht jedes Land erfolgreich – hier liegen erhebliche Vorteile auf westlicher Seite –, aber ein Dutzend Computerhacker rekrutieren oder hervorbringen kann jedes Land.

Gleichzeitig sind die westlichen Gesellschaften, aber vielleicht auch die Streitkräfte, wesentlich verwundbarer gegenüber „cyber war“ und Informationsoperationen.

Neben der allgemeinen Technologiediffusion in Verbindung mit der Kommerzialisierung von Rüstungsgütern, die letztlich den Erhalt technologischen Vorsprungs immer schwieriger werden lassen, wird die Proliferation von Massenvernichtungswaffen und Trägersystemen unaufhaltsam voranschreiten. Exportkontrollen können, wie alle angebotsorientierten Ansätze, das Problem verzögern, aber nicht lösen, solange das Interesse an Massenvernichtungsmitteln weiter vorhanden ist. Eine Nachfrage wird letztlich immer ein Angebot finden.

Und das Interesse liegt auf der Hand: Es entspringt zweckrationalem Verhalten. Nicht-westliche Streitkräfte haben eine nur sehr geringe Chance gegen den Westen im Rahmen eines konventionellen Konfliktes. Gleichzeitig wollen westliche Gesellschaften bzw. deren politische Entscheidungsträger „um nahezu jeden Preis“ Eigenverluste vermeiden. In dieser Lage entspricht es durchaus zweckrationalem Verhalten, dem Westen erhebliche Verluste durch den Einsatz von Massenvernichtungsmitteln anzudrohen. Der Westen wird sich darauf einstellen müssen, dass sowohl seine Truppen im Einsatzgebiet als auch die Bevölkerung im eigenen Land mit Massenvernichtungswaffen bedroht werden können.

Zusammenfassend kann festgehalten werden, dass Kontinuität und Wandel in der internationalen Sicherheitspolitik auch in den nächsten drei Jahrzehnten gleichzeitig zu verzeichnen sind. Dramatische Veränderungen, insbesondere durch die Globalisierung und die Technologieentwicklung mit den großen Unbekannten Nanotechnologie, Genetik und Molekularbiologie, künstliche Intelligenz und Robotik, um nur einige wesentliche Bereiche zu nennen, werden sich auch auf die Art und Weise, wie Gesellschaften Konflikte regulieren und gegebenenfalls Krieg führen, niederschlagen. Auf der anderen Seite werden auch die Kriege der Zukunft nicht völlig anderen Regeln unterworfen sein, als sie bei Thukydides in seinem Werk „Der Peloponnesische Krieg“, bei Sun Tsu in „Die Kunst des Krieges“ oder bei Clausewitz in „Vom Kriege“ nachzulesen sind.

Die Kunst der Streitkräfteplanung besteht nun darin, sich auf die neuen Herausforderungen und die unbekannten Entwicklungen einzustellen und dabei gleichzeitig nicht zu vergessen, was einige tausend Jahre Kriegsgeschichte lehren.

7 Folgerungen: Die Bundeswehr im zukünftigen strategischen Umfeld

7.1 Risikokalkül

Das sicherheitspolitisch-strategische Ziel der Stabilität durch Verhinderung, Eindämmung oder Abwehr von Gewalt verlangt die Organisation einer Gegengewalt, die das ganze Spektrum möglicher gewaltsamer An- oder Übergriffe abdeckt. Konkret heißt dies: Der Staat und seine Streitkräfte müssen auf alle realistischerweise nicht auszuschließenden Formen gewaltsamer Aktionen vorbereitet sein. Dies erfordert unter modernen Bedingungen eine Kombination eigener Fähigkeiten mit internationaler Arbeitsteilung.

Militärische Sicherheitsvorsorge, d.h. die Bereithaltung des grundlegenden außenpolitischen Instrumentariums – Diplomatie sowie wirtschaftliche und militärische Machtmittel – hat zwei Dimensionen: (1) eine aktuelle, die der jeweils gegebenen Lage bzw. Krise entspricht, und (2) eine langfristig-innovativ angelegte, die sich an den erkennbaren Trends und Risiken orientiert.

Die erste Kategorie schafft die Grundlagen für die eigenen zeitgerechten Reaktionsfähigkeiten, die in der relativ kurzen Vorbereitungszeit einer akuten Krise nicht mehr aufgebaut werden könnten. Die zweite Dimension stellt die politisch Verantwortlichen vor ein gewisses Dilemma: Ihre Nichtbeachtung wäre ein fundamentaler Fehler zum Schaden von Staat und Bevölkerung, ihre Berücksichtigung verlangt Maßnahmen, die jenseits der eher an den aktuellen Umständen ausgerichteten Erwartungen der Öffentlichkeit liegen und die deshalb, insbesondere bei knappen Finanzen, schwer vermittelbar sind.

Die Bestimmung der Sicherheitsinteressen eines Staates und somit auch der Risiken ist Aufgabe jeder Regierung, die dafür gegenüber dem Souverän die Verantwortung trägt. Soweit möglich folgt sie „objektiven" bzw. „intersubjektiven" Kriterien, aber nicht alle Faktoren sind mathematisch exakte Größen. Viele Imponderabilien lassen sich nur aus der Erfahrung bzw. intuitiv gewichten oder im Kontext einer bestimmten Politik. Maßgebend sind daher letztlich subjektive, aber plausible Überlegungen, die sich vor allem an geostrategischen, geopolitischen und historischen Grundlinien sowie an erkannten Kapazitäten und langfristigen Zielsetzungen orientieren.

Die Wahrscheinlichkeit, mit der ein Ereignis eintritt oder nicht, ist umso schwerer zu prognostizieren, je weiter man in die Zukunft blickt. Der Grund hierfür liegt darin, dass sich die auslösenden und bedingenden Umstände kurzfristig drastisch ändern können und sich somit einer langfristigen Prognose entziehen.

Vorsorgemaßnahmen, die sich auf Annahmen über die Wahrscheinlichkeit gründen, genügen daher eigentlich nur dem kurzfristigen Bedarf. Auf längere Frist gesehen ist die mögliche Höhe eines Schadens, der für den Staat im Falle der Realisierung eines Sicherheitsrisikos einträte, die wichtigere Bemessensgröße. Dies gilt vor allem für Maßnahmen im Zusammenhang mit der Streitkräfteplanung, die eine längere Vorbereitungszeit benötigen, als sie die relativ kurzen Reaktionszeiten einer aktuellen Verschlechterung der internationalen Sicherheitslage gewähren. Die Faktoren Warnzeit und Wahrscheinlichkeit haben ihren Platz deshalb eher in den Bereitschaftsregelungen vorhandener als in den Strukturplanungen künftig benötigter Kräfte.

Krisen können sich ausweiten, eskalieren, den Konfliktgegenstand verändern und zu unerwarteten Konstellationen führen. Risiken sind potenzielle Krisen, wenn auch weniger komplex zu beschreiben, und müssen daher auf dieselben Eventualitäten hin untersucht werden. Diese Eventualitäten umfassen u.a. eine mögliche Steigerung der Konfliktintensität, die Einbeziehung oder Einmischung anderer Mächte, die bewusste Diversion zur Kräftebindung und geostrategische Richtungen („Krisenrollbahnen“).

Maßnahmen, um Risiken vorzubeugen, enthalten meist strategische Optionen, die ihrerseits dämpfend auf eine mögliche Konfliktlage wirken bzw. durch eine klare Signatur von Interessen und Potenzialen eine solche Lage gar nicht entstehen lassen.

Risikovorsorge ist vorweggenommenes Krisenmanagement – nur oftmals kostenwirksamer und nicht unter dem Druck der Ereignisse.

Durch die Proliferation von Massenvernichtungswaffen und Trägersystemen und die weltweite Verfügbarkeit von Informationstechnologien sowie die moderne Verkehrstechnik erhalten auch weniger entwickelte Staaten, sogar aus größerer geographischer Distanz, die Möglichkeit zu direkten Angriffen auf europäische Staaten. Dies und die Anwendung unkonventioneller Methoden gibt ihnen die Option asymmetrischer Aktionen und Reaktionen. Für die westlichen Staaten folgt daraus eine neue Form des Kampfes an der „Heimatfront“ (territoriale Streitkräfte, erweiterte Luftverteidigung, Zivilverteidigung etc.).

Im Rahmen einer Vielzahl möglicher Risikoszenarien werden also nicht nur die Streitkräfte, sondern auch die westlichen Gesellschaften bedroht.

In dem für den Westen günstigsten Fall wird es erst in zehn Jahren strategisch signifikante Bedrohungspotenziale in kritischen Ländern geben; u.U. jedoch früher. Dann werden nicht nur russische Flugkörper Deutschland erreichen können, sondern Raketen aus Ländern im südlichen Krisenbogen von Zentralasien bis Nordafrika.

Die Möglichkeiten der Bedrohung deutschen Territoriums sind vielfältig, konzentrieren sich aber vermutlich auf folgende drei Bereiche:

- Eingriffe in das Informations- und Kommunikationssystem,
- strategische Terroranschläge mit Massenvernichtungsmitteln,
- die Bedrohung mit ballistischen und aerodynamischen Flugkörpern.

Die Reaktion auf diese Bedrohung kann nur in Ausnahmefällen in einer gleichartigen „Vergeltungsmaßnahme" bestehen. Da westliche Streitkräfte aus der *strategischen* Defensive heraus agieren, müssen sie auf das gesamte Spektrum der möglichen Kampf- und Kriegsformen vorbereitet sein (was Prioritäten nicht ausschließt): vom infanteristischen Einzelkampf bis hin zu komplexen Land-Luft-See-Operationen auch über weite Entfernungen. Das erfordert u.a. eine ausgewogene Struktur von schweren und leichten Streitkräften. *Notabene:* Die Hauptaufgabe von Streitkräften bleibt die Bereitstellung von Kampfkraft, d.h. die Fähigkeiten zum Kampf bzw. der Kampf selbst.

Oftmals wird ein für den Westen angemessenes Mittel gegen unkonventionelle militärische, aber auch nicht-militärische Bedrohungsformen schlicht eine klassische Militäroperation sein.

Da sich im Westen außer den USA kein Land mehr Streitkräfte mit allen Fähigkeiten in ausreichender Stärke wird halten können, ist eine Arbeitsteilung, die einen Kern nationaler Selbstbestimmung bewahrt, unumgänglich. Wichtigste Kriterien sind: hohe Kampf- und Einsatzmoral, international ausreichender technischer Standard, Allianzfähigkeit (Kompatibilität, Komplementarität), kontinuierliche Innovation, substanzielle Quantität für Standardaufgaben, nationale Führungs- und Entscheidungsfähigkeit, ausgesuchte Spezialkapazitäten als singulärer Beitrag zum Bündnis.

7.2 Aufgaben und Rollen im Bündnis

Gegenüber der vergleichsweise spezifischen Auftragslage der Bundeswehr zu Zeiten des Kalten Krieges – Einsatzregion, potenzieller Gegner etc. waren bekannt – haben sich die möglichen Einsatzszenarien nunmehr erweitert. Diese Erweiterung entspricht den neuen Risiken. Zur klassischen Aufgabe der Abwehr eines direkten Angriffs treten neue Aufgaben wie z.B. friedensschaffende Missionen (d.h. die Ausübung militärischen Drucks auf die Konfliktparteien, früher einfach Intervention genannt), friedenserhaltende Missionen (die Garantie von Vereinbarungen, Vertrauensbildung, Schlichtung, Hilfe beim Aufbau politischer Strukturen), Beobachtungsmissionen (Blauhelme) sowie humanitäre Hilfseinsätze.

Die Grenzen zwischen klassisch-militärischen und anderen Aufgaben sind fließend geworden; dem tragen Verfügbarkeit und Verwendungsbreite von Streitkräften Rechnung.

Welche konkreten militärischen Aufgaben ein Staat unter der Generalklausel „Schutz von Bürger und Staat gegen Angriffe von außen" wahrnehmen muss und kann, richtet sich vor allem nach seinen Interessen. Die Begrenztheit der Mittel zwingt dazu, Prioritäten zu setzen und die internationale Arbeitsteilung zu nutzen. Nicht jedes Land kann die Durchsetzung aller seiner Interessen in gleichem Maße verfolgen und über alle Fähigkeiten verfügen. Jedoch ist jedes Land grundsätzlich dazu in der Lage, seine Interessen und Fähigkeiten in einen Verbund einzubringen.

Für Deutschland maßgebend sind seine geostrategische Lage und sein Hauptinteresse an „Stabilität in Europa".

Im Hinblick auf die Auswahl der für die Streitkräfteplanung relevanten Aufgaben gilt, dass nicht alle Aufgaben für die Struktur der Streitkräfte ausschlaggebend sind oder sich in ihr abbilden. Einige Aufgaben können unter Ausnutzung der endogenen Multifunktionalität der Streitkräfte in Nebenfunktion wahrgenommen werden (z.B. Beobachtermissionen und humanitäre Unterstützung), andere können mit relativ geringen Kräften erfüllt werden (z.B. Kommandoaufgaben), ohne die Struktur besonders zu prägen.

Die Streitkräfte der einzelnen NATO-Mitgliedsländer haben eine unterschiedliche Bedeutung und Rolle, je nach strategischer Lage und Interessen des jeweiligen Landes.

Großbritannien beispielsweise ist eine Seemacht mit weltweiten und europäischen Interessen und verfügt über eine lange Tradition des Einsatzes von Expeditionskorps. Krisenreaktionskräfte des Vereinigten Königreiches haben – nicht zuletzt vor dem Hintergrund der britischen Insellage sowie der Verfügungsgewalt über Kernwaffen als letzter nationaler Rückversicherung – in erster Linie *nicht* die Aufgabe der Landesverteidigung im territorialen Sinne. Vielmehr leisten sie einen Beitrag zur Einflussnahme auf Entwicklungen auf dem europäischen Kontinent und gegebenenfalls zum internationalen Krisenmanagement, falls britische Interessen mittelbar oder unmittelbar berührt sind.

Frankreich definiert seine militärischen Aufgaben aus einer relativ geschützten geostrategischen Position und aus einem Großmachtverständnis heraus, das gegebenenfalls den Schutz französischer Interessen auch mit den Mitteln einer begrenzten, wenn nötig sogar unilateralen Intervention zu einem relativ frühen Zeitpunkt geboten erscheinen lässt. Die Aufgaben der militärischen Stabilität und der Bewältigung größerer Krisen in Europa weist es dabei *de facto* seinen Partnern, insbesondere den USA und Deutschland zu.

Deutschland erfüllt aufgrund seiner geostrategischen Lage in Mitteleuropa eine andere strategische Rolle im Bündnis als die Partner. Im Zentrum Europas gelegen und von mehr Nachbarn als andere europäische Ländern umgeben ist es eine in ein Bündnis eingebundene Landmacht mit maritimen

Interessen. (Der Begriff Landmacht bezieht sich hier nicht auf eine bestimmte Teilstreitkraft, d.h. das Heer, sondern auf die Fähigkeit, terrestrische Operationen erfolgreich durchführen zu können. Das schließt die Mitwirkung von Luft- und Seestreitkräften im erforderlichen, je nach Auftrag sogar erheblichen Maße ein.)

Deutschland muss einen seiner territorialen Größe und seiner Bevölkerungszahl sowie seines politisch-wirtschaftlichen Gewichts entsprechenden Beitrag zur bündnisgemeinsamen Interessenwahrnehmung und Stabilisierung der gemeinsam vereinbarten Friedensordnung in Europa leisten.

Partnerschaft heißt auch, dass jeder Partner einen bestimmten Part gemeinsamer westlicher Verteidigungsinteressen abzudecken hat. Deutschlands quasi natürliche Rolle im Bündnis ist es, den Stabilitätsbemühungen der NATO nach Mittel- und Osteuropa hin als regionale Basis Rückhalt zu geben. Auf *diese* Aufgabe, die auch seinen eigenen Interessen entspricht, muss es seine militärischen Mittel vorwiegend ausrichten. Deutschland konnte bislang zu Recht darauf verweisen, dass es neben den Vereinigten Staaten wie kein anderer Bündnispartner zum Erhalt der europäischen Stabilitätsordnung beiträgt. Daraus ergibt sich von selbst, dass es sich nur mit einem Teil seiner Streitkräfte an Einsätzen außerhalb der eigenen Region oder des Bündnisgebietes beteiligen wird – allerdings wird es sich in dem Maße beteiligen, wie es eine unter nationalen Sicherheitsinteressen betrachtete Einflusssicherung erfordert.

Zentrales Anliegen gegenwärtiger Sicherheitspolitik in Europa muss der Erhalt der strategischen Stabilität auf der Grundlage eines angemessenen Beitrags aller Länder zum gesamteuropäischen Gleichgewicht sein. Unter den gegebenen internationalen Rahmenbedingungen kann eine stabilisierende Wirkung nur von Streitkräften entsprechenden Umfangs und entsprechender Fähigkeiten ausgehen. Die im Frieden präsenten Kräfte stellen somit nur den sichtbaren Nachweis der Verteidigungsfähigkeit dar. Sie sind der Garant der Mobilmachungsfähigkeit; der V-Umfang, d.h. der im Verteidigungsfall verfügbare Streitkräfteumfang, ist hierbei die entscheidende Bezugsgröße.

Militärische Fähigkeiten, Einsatzbereitschaft und vor allem Entschlossenheit zum Einsatz bestimmen sowohl Rolle und Gewicht im Bündnis als auch den außenpolitischen Handlungsspielraum eines Staates insgesamt. Zwar können Entschlossenheit und Schnelligkeit mangelnde Masse zum Teil kompensieren; jedoch hat diese Ausgleichsmöglichkeit ihre Grenzen dort, wo Substanzverlust die Glaubwürdigkeit demonstrierter Entschlusskraft unterminiert.

Auch gilt im Umkehrschluss, dass unzureichende militärische Fähigkeiten die politischen Entscheidungsträger u.U. zum Handeln zwingen, da ohne sofortige Reaktion in einer Krise, eine bedrohliche Lageentwicklung nicht mehr aufzufangen ist. Dies wiederum bedeutet, dass umfassende und einsatzbereite Fähigkeiten im Frieden den Handlungsspielraum in einer Krise erhöhen, da sie nicht zum sofortigen, gegebenenfalls voreiligen Handeln zwingen.

Deutschland kann kein Interesse daran haben, mangelnde Masse durch Aktionismus oder Appeasementpolitik zu kompensieren. Nicht zuletzt deswegen wird es auch im Rahmen multinationaler Einsätze zur Wahrung der Bündnissolidarität darauf achten, dass die Elemente Durchsetzungsfähigkeit, Durchhaltefähigkeit, Eskalationsfähigkeit sowie Nachhaltigkeit in der Operationsplanung sowie bei den strategischen Entscheidungen des Bündnisses Berücksichtigung finden.

Krisenbewältigung nach dem Motto „schnell rein und schnell raus“ steht Deutschland nicht gut an.

Gleichzeitig gilt aber auch, dass Deutschland sich der Bündnissolidarität und der Verteidigung gemeinsamer Interessen nicht wird entziehen können und wollen, indem es auf eine exklusive Zuständigkeit für „große Krisen“ in Europa verweist. Deutschland benötigt die Instrumente für ein frühes und beherztes Krisenmanagement auch und gerade deswegen, um die Krisen auf Distanz zu halten. Eine abgewogene und behutsame, an den sicherheitspolitischen Interessen Deutschlands orientierte, sich der Bündnissolidarität nicht verweigernde, aber nicht die Speerspitze bildende und stets auf die Solidität des Beitrages zur Krisenbewältigung achtende Haltung Deutschlands wäre zu bevorzugen.

7.3 Zusammenfassende Schlussfolgerungen hinsichtlich ausgewählter Strukturmerkmale der Streitkräfte

Das sicherheitspolitische Umfeld der nächsten Jahrzehnte wird kaum friedlicher sein als dasjenige der vergangenen Jahrzehnte. Aber selbst dort, wo der Friede gewahrt werden kann, trägt militärische Macht dazu bei, die Friedensordnung abzusichern und vor gewalttätiger Erschütterung zu bewahren. Eine Weiterentwicklung des Völkerrechts und die Globalisierung werden die Anforderungen an Streitkräfte zur Absicherung und zum Schutz dieser Weltordnung noch erhöhen. Daher dürfte militärische Macht an Bedeutung selbst dann nicht verlieren, wenn man vergleichsweise optimistische Annahmen hinsichtlich der Entwicklung des internationalen Umfeldes zugrunde legt und Streitkräfteeinsätze vermieden werden können. Militärische Macht ist – neben wirtschaftlicher Macht und der Diplomatie – ein Instrument der Außenpolitik eines Landes und nicht dadurch überholt, dass ihre positive, konfliktpräventive Wirkung nicht messbar und justiziabel nachweisbar ist.

Mögliche zukünftige Antagonisten des Westens werden dessen Streitkräfte u. U. auf einem Gebiet herausfordern, auf dem der Westen keine uneingeschränkte und unangefochtene Überlegenheit genießt. Auch dies wird eine Lehre aus dem Golfkrieg und dem Kosovo-Konflikt sein. Unterschiedliche Formen asymmetrischer Kriegführung werden daher verstärkt auftreten. Sie umfassen Möglichkeiten des unmittelbaren strategischen Einwirkens auf Deutschland, wobei auch die Verteidigung nicht die Aufgabe eines Ressorts sein kann, sondern eine gesamtstaatliche Aufgabe darstellt.

Überhaupt: Die Gewährleistung der äußeren Sicherheit (einschließlich der Verteidigung) gehört zu den kardinalen Staatszwecken erster Priorität, die zwingend eine einheitliche Politik und eine sorgfältige Koordinierung aller staatlichen Kräfte und Maßnahmen erfordert. Dem ganzheitlichen Charakter der Aufgaben entspricht die Verantwortlichkeit der Regierung als Ganzes für Strategie und Ressourcenverteilung.

Primat der Politik heißt im Kern Vorrang des Politischen, d.h. des Ganzen, vor fachspezifischen Belangen der Teilbereiche und zwar nicht nur des Militärischen, sondern aller Sektoren der staatlichen Administration. Dieser Vorrang darf nicht als soziales Privileg oder als magische Formel zur Begründung von Herrschaftswürden missverstanden werden. Vielmehr bedeutet dieser Vorrang Führungsverantwortung der Politik gegenüber ihren Instrumenten, vor allem die Pflicht, den jeweiligen Auftragnehmern klare Ziele zu setzen, ihnen ausreichende Mittel an die Hand zu geben und ihr Handeln auf einen gemeinsamen Zweck hin zu koordinieren.

Dieser Sachverhalt kann es beispielsweise geboten erscheinen lassen, einen „wirklichen" Bundessicherheitsrat (BSR) mit Unterbau und entsprechender Entscheidungskompetenz zu schaffen. Die Bundeswehr stellt nur einen Teil der gesamtstaatlichen Instrumentarien zur Sicherheitsvorsorge gegen äußere Bedrohungen dar, wobei und insbesondere da eine äußere Bedrohung durchaus den Charakter einer inneren Bedrohung annehmen kann.

Neben dem Erhalt eines militärischen Machtgleichgewichtes auf stabilitätsunterstützendem Niveau bedarf es der Fähigkeit zum Schutz des eigenen Landes. Letztere umfasst militärische Sicherheitsvorkehrungen sowie den Zivilschutz, wobei sich beide Gesichtspunkte zunehmend schwieriger auseinanderhalten lassen und Investitionen in den einen Bereich den anderen tendenziell entlasten können. Entscheidend sind ein Gesamtkonzept sowie Entscheidungsverfahren, die in Krisenlagen ein verzugsarmes und wirkungsvolles Handeln ermöglichen. Die Fähigkeit zur Entscheidung beruht nicht zuletzt auf einer Urteilsfähigkeit, die wiederum die aktuelle und akkurate Verfügbarkeit eines Lagebildes voraussetzt. Technische Aufklärung ist hierbei nur ein Gesichtspunkt; die Fähigkeit zur menschlichen Aufklärung (HUMINT) und die Auswertung stellen weitere, gegebenenfalls sogar noch wichtigere Aspekte dar.

Ein Land kann sich als ultimative Rückversicherung Schutz beispielsweise in Form einer nuklearen Abschreckung zulegen oder diesen Schutz borgen. Deutschland hat keine nuklearen Ambitionen, wohl aber nukleare Interessen – Schutzinteressen. Einer Erosion der Erweiterten Abschreckung *(extended deterrence)* der USA ist entgegenzuwirken, und gleichzeitig sind – auf sehr lange Sicht – die Möglichkeiten der Schaffung einer europäischen Nuklearstreitmacht unter dem Oberbefehl eines Präsidenten der EU zu sondieren. Wichtig ist, dass Deutschland Teil eines glaubwürdigen nuklearen Abschreckungsverbundes bleibt.

Deutschland benötigt die militärischen Instrumente, um im multinationalen Rahmen an Kriseninterventionen teilnehmen zu können. Regionale Machtprojektionsfähigkeit im Bündnis mit anderen setzt voraus, dass die Instrumente kompatibel sind. Modernes Gerät, die persönliche Schutzausrüstung (nicht zuletzt gegen biologische und chemische Waffenwirkung) sowie eine hervorragende Ausbildung der Soldaten sind maßgebliche Elemente dieser Voraussetzungen.

Deutschland wird gefragter Partner im Rahmen der Allianz sein müssen, um seinen Einfluss im Sinne der eigenen Interessen geltend zu machen und umgekehrt Bündnissolidarität in Anspruch nehmen zu können.

In letzter Konsequenz sind begrenzte Einsätze nur erfolgreich, wenn der Konfliktgegner davon überzeugt werden kann, dass eine Konflikteskalation erfolgen wird, wenn er nicht einlenkt. Ohne die Drohung mit dem Einmarsch, d.h. mit einer Bodeninvasion, wird diese Wirkung nur in Ausnahmefällen erzielbar sein. Es spricht vieles dafür, dass sowohl im Golfkrieg als auch im Kosovo-Konflikt die immanente Drohung mit einer umfassenden Bodeninvasion einen maßgeblichen Beitrag dazu geleistet hat, dass der Konflikt unter den bekannten Bedingungen beendet werden konnte.[25]

Moderne Autokraten sind vermutlich primär an drei Dingen interessiert: dem Erhalt ihrer politischen Kontrolle, ihrer persönlichen Gesundheit sowie an ihren Bankkonten im Ausland. Mit Hilfe einer offensiven Informationsoperation die Bankkonten auf „Null" zu stellen, erscheint auf den ersten Blick attraktiv, wenngleich ein eher taktisches Detail. Beim genaueren Hinsehen wird deutlich, dass eine mögliche Reaktion der internationalen Finanzwelt auf diese Maßnahmen durchaus darin bestehen könnte, in Zukunft auf den Austausch von Geldkoffern und auf Naturalientausch (Kompensationsgeschäfte) zurückzugreifen statt auf elektronische Geldtransfers und Bankvermögen, die überwachbar und gegebenenfalls „löschbar" sind. Die politischen Risiken überwiegen mit hoher Wahrscheinlichkeit den möglichen Nutzen.

Die persönliche Gesundheit des gegnerischen Machthabers bzw. sein Leben zu gefährden erscheint unter dem Gesichtspunkt der Güterabwägung oftmals als geringeres Übel, als einen Krieg gegen das gesamte Land und seine Streitkräfte zu führen. Das Problem ist nur, dass der Autokrat vermutlich nicht deswegen politische Macht errungen und, noch wichtiger, erhalten konnte, weil er beim Volke uneingeschränkt und auf Dauer beliebt ist. Vieles spricht dafür, dass er auch im Lande selbst und nicht zuletzt auch durch einen möglichen Putsch gefährdet ist. Er wird sich daher bestens darauf verstehen zu überleben sowie Attentatsversuchen und vergleichbaren Bemühungen zu entgehen.

Autokraten sind wahre Überlebenskünstler. Was von innen kaum gelingt, wird von außen auch nur eine geringe Chance auf Erfolg haben. Spezialkräfte des Westens, die überraschend bei Nacht in den Präsidentenpalast eindringen, den Machthaber töten oder ihn entführen, um ihn vor ein westliches oder internationales Gericht zu stellen, wird es daher zumeist nur in einschlägigen Romanen geben. Zu selten schlafen diese Autokraten zwei Nächte im selben Bett (aus Sicherheitsgründen versteht sich), einige haben Doppelgänger, ihr persönliches Umfeld wird strengstens ausgewählt und überwacht etc. Ungeachtet dessen ist nicht sicher, dass ein möglicher Nachfolger dem Westen gegenüber wohlwollender eingestellt oder an einer Konfliktbeendigung in höherem Maße interessiert ist. Außerdem erscheint unklar, ob der Abbruch der Kontrolle der gegnerischen Führung über die Streitkräfte des Landes zur Beendigung des Krieges oder zu dessen Eskalation beiträgt.

Über Spezialeinheiten in westlichen Streitkräften zu verfügen, ist in jedem Fall wichtig und sinnvoll. Als Mittel zur Kriegsbeendigung erscheinen sie jedoch nur in Ausnahmefällen geeignet.

Bleibt noch die Möglichkeit, einem Autokraten die politische Kontrolle über sein Land zu nehmen. Auch hier gilt, dass zahlreiche theoretisch denkbare Optionen (Schürung eines Aufstandes, Zerstörung der Kommunikationsverbindungen, Einsatz von Spezialkräften etc.) in der Theorie besser klingen, als sie in der Praxis zum Erfolg führen dürften. Entscheidend bleibt die Drohung mit einer Invasion. Der politischen und militärischen Führung des gegnerischen Landes muss angedroht werden können, dass sie keine Zukunft haben wird, wenn sie nicht nachgibt. Letztlich ist dies nur durch die Drohung mit einem Einmarsch vermittel- oder nur durch eine Invasion selbst erzielbar.

In einer solchen Lage wird die Führung eines gegnerischen Landes u.U. zu allem entschlossen sein. Sie könnte dann, wenn sie nichts zu verlieren hat, dazu bereit sein, auch unkonventionelle Waffen zum Einsatz zu bringen. Entscheidend wird es aus westlicher Sicht daher darauf ankommen, ihr einerseits einen Ausweg zu bieten (nämlich die Einstellung der Kampfhandlungen unter Akzeptanz wesentlicher Bedingungen westlicher Staaten) und andererseits, eigene Rückversicherungen nicht zuletzt im Sinne von Selbstschutz der Soldaten, erweiterte Luftverteidigung und Flugabwehr im Stationierungs- und

Einsatzgebiet, erweiterte Luftverteidigung und Zivilschutz im Heimatland bereitzustellen.

Die allgemeine Hochtechnologiediffusion sowie die Proliferation von Massenvernichtungswaffen und Trägersystemen wird dazu führen, dass nahezu jeder nahezu alles zur Kriegführung nutzen kann.

Zwar kann es sich der Westen nicht leisten, technologisch unterlegen zu sein. Gleichzeitig gilt jedoch auch, dass er nicht auf seine technologische Überlegenheit allein setzen kann, will er nicht das Risiko einer Niederlage eingehen. Schutz vor der Wirkung unkonventioneller Waffen sowie der Schutz der Informationsinfrastruktur vor Hackerangriffen ist genauso eine Grundvoraussetzung für Handlungsspielraum wie die Verfügbarkeit militärischer Offensivoptionen.

Überhaupt sind militärische Offensivoptionen in zahlreichen Szenarien das Mittel der Wahl für den Westen. Auf strategischen Terrorismus kann er nicht mit strategischem Terrorismus antworten; im Falle des Zusammenbruchs der inneren Ordnung von (benachbarten) Staaten kann er bei zu befürchtenden Auswirkungen auf seine eigene Sicherheitslage nicht tatenlos zusehen. Wer glaubt, die Einflussnahme im Krisenpoker dadurch erzielen zu können, dass man der anderen Seite androht, sich verteidigen zu können, wird sich täuschen; nur eine Drohung mit offensiven Mitteln kann Wirkung erzielen. Eine Militäroperation kann in vielen Fällen die geeignete Antwort selbst auf Herausforderungen nicht-militärischer Natur sein.

Die mögliche Reaktion eines anpassungsfähigen Gegners

- in technischer Hinsicht (Gegenmaßnahmen),
- in taktisch-operativer Hinsicht (Rückzug in Wälder und bebautes Gelände sowie Vermischung mit Zivilisten, ggf. auch Nichteinsatz und Verstecken von Gerät) oder
- in strategischer Hinsicht (strategischer Terrorismus, Hackerangriffe, Massenvernichtungswaffen)

erfordert ein umfassendes Fähigkeitsspektrum westlicher Streitkräfte. Natürlich ist es für den Westen verführerisch, auf moderne Technik statt auf eine große Zahl gut ausgebildeten Personals zu setzen. Jedoch ist unklar, wer letztlich den Vorteil hat, da die technologische Entwicklung beides unterstützt, die Hochtechnologiestreitkräfte *und* die Terroristen bzw. Guerillakämpfer.

Hinzu kommt, dass in vielen Szenarien die physische Präsenz am Boden in diffusen Konfliktlagen erforderlich ist, und diese erfordert gut ausgebildete Soldaten in erheblicher Anzahl – und vermutlich über längere Zeiträume, was die quantitativen Anforderungen noch erhöht.

Quantität kann auch eine Qualität darstellen. Qualität ist zwar (meistens) besser als Quantität, jedoch oftmals nur, wenn auch entsprechend große Stückzahlen beschafft werden.

Die überwiegende Zahl angeblich „neuer" Herausforderungen in der globalisierten Welt ist altbekannt. „Entführungsindustrie" und Piraterie beispielsweise kommen einem aus der Geschichte vertraut vor und doch werden sie die Streitkräfte des Westens vor neue Aufgaben stellen. Gleichzeitig werden westliche Regierungen zu überlegen haben, welchen grundsätzlichen Einfluss sie auf die sicherheitspolitischen Entwicklungen noch haben wollen. Versagen sie in ihrer Aufgabe, Firmen, dem Personal, den Touristen, den Handelswegen den erforderlichen Schutz zu bieten, könnten multinationale Sicherheitskonsortien und -kartelle an ihre Stelle treten.

Streitkräfte werden auch in der Zukunft weiterhin einen Beitrag zur grundsätzlichen Handlungsfähigkeit eines Staates leisten müssen.

Nicht die aktuelle Bedrohung an sich wird der Bezugspunkt für Planung sein, sondern die grundsätzlichen Fähigkeiten von Streitkräften als Instrument der Außenpolitik und damit zur Einflusssicherung. Maßstab wird das Bündnis bilden, dessen Erhalt die Grundvoraussetzung für Sicherheit und Handlungsspielraum Deutschlands darstellt.

Bündnisfähigkeit setzt politische Entscheidungsfähigkeit und die Kompatibilität der Streitkräfte auch in technologischer Hinsicht voraus. Modularität und gemeinsam definierte Schnittstellen, vereinbarte Protokolle, Standards, Normen, gemeinsame Verfahren und eine gemeinsame Arbeitssprache (Englisch) sind Elemente zur Sicherstellung, dass die Streitkräfte gemeinsam wirkungsvoll eingesetzt werden können. Auch multinationale Führungsfähigkeit wird von Deutschland erwartet und ist zudem eine wichtige Voraussetzung für Einflusssicherung.

Eine globale Perspektive im Hinblick auf Krisenregionen, aber auch die unterschiedlichsten Formen von Risiken wie Proliferation, Piraterie, Entführungsindustrie erfordern ein breit gefächertes Instrumentarium, ohne den Schwerpunkt Deutschlands Rolle im Herzen Europas zu vernachlässigen: der des Stabilitätsankers und der einer Anlehnungsmacht für die Nachbarn.

Aufgrund der neueren technologischen und der damit zusammenhängenden Entwicklungen im industriellen Bereich (neues Produktionsmodell, „spin-in" ziviler Produkte, neues Verhältnis Staat – Industrie etc.) werden Plattformen hoher Querschnittsfunktionalität mit spezifischen „electronic enabling packages" und intelligenter Munition vernetzt im Rahmen eines Aufklärungs-Wirkungsverbundes zusammengeführt werden (müssen). Gleichzeitig ist auf Robustheit und autonome Nutzung bei Ausfall des Informationsstromes sowie auf kontinuierliche Kampfwertsteigerung Wert zu legen.

Die genannten Elemente Durchsetzungsfähigkeit, Durchhaltefähigkeit, Eskalationsfähigkeit sowie Nachhaltigkeit erfordern als Voraussetzung für erfolgreiche Krisenbewältigung ein entsprechendes Reservistensystem sowie eine entsprechende Mobilmachungs- und Rekonstitutionsfähigkeit. Auch hier gilt, dass die gegenwärtige Tendenz zur Vernachlässigung von Quantität in Form ausreichender Reserven einen hohen Preis verlangen wird. Wer sagt eigentlich, dass alle zukünftigen Gegner ihrer zurzeit noch zu verzeichnenden Neigung, den westlichen militärischen Stärken in die Hände zu spielen, auch in Zukunft weiter nachgehen werden?

Mangelnde Masse auf Seiten des Westens wird zu hohen Verlusten führen. Wenn man der Tendenz weiter folgt, Verluste und Kollateralschäden beim Gegner „um nahezu jeden Preis“ zu vermeiden, dann werden die westlichen Eigenverluste steigen.

Wenn man diese Eigenverluste nicht hinzunehmen bereit ist, müsste man – theoretisch – die Kriegführung „brutalisieren“, allerdings um den Preis einer wahrscheinlichen Unterminierung der innenpolitischen Akzeptanz des Krieges in den westeuropäischen Gesellschaften.[26]

Die überwiegende Anzahl der Planungsunsicherheiten für die Bundeswehr ist innenpolitischer Natur. Die Unsicherheiten liegen beispielsweise im finanziellen Bereich, aber auch in der Nutzung des militärischen Instrumentes für früher kaum vorstellbare Interventionen. Es ist dringend geboten, die Hierarchie der Sicherheitsinteressen klar festzulegen. Die abenteuerlichste, weil letztlich unkalkulier- und unplanbare Beanspruchung der Bundeswehr wären unzählige Interventionen aus rein humanitären Gründen, von denen nie klar sein wird, in welchem Umfang, wo und für wie lange sie geplant sind. Wenn der gleiche moralische Maßstab angelegt wird, mit dem die letzten Interventionen begründet wurden, dann gibt es viel zu tun auf der Welt, selbst wenn man alle großen Länder und diejenigen mit Massenvernichtungswaffen ausspart.

Einsätze der Bundeswehr sollten sich, auch in den nächsten 30 Jahren, in der Regel auf diejenigen Szenarien beschränken, in deren Rahmen politisch überzeugend dargelegt werden kann, dass ein Nichteinsatz zumindest mittelfristig höhere Risiken für Deutschland bedeutete als ein Einsatz.

Vor dem Hintergrund der vielfältigen Risiken und daraus abgeleiteten Aufgaben, wie sie im Rahmen dieser Untersuchung dargestellt wurden,[27] wird deutlich, dass das geplante militärische Instrumentarium in der gegenwärtigen Dimensionierung und Ausstattung auch bei kluger politischer Selbstbeschränkung nicht ausreichen wird.

8 Anhang I: Die Bundeswehr der Zukunft: Ausgewählte Strukturmerkmale

1. Umfang der Streitkräfte, Größenordnungen

Maßgebende Faktoren	Folgerungen/Empfehlungen
• Das Risikospektrum, insbesondere der Aspekt möglicher Schadenshöhe, verbunden mit • ganzheitlichem Begriff der „Krise“, der alle Intensitätsstufen einschließlich der potenziellen Dynamik erfasst. • Die geostrategische Lage und die strategischen Interessen Deutschlands. • Internationale Verpflichtungen sowie • das Gewicht und die Verantwortung Deutschlands.	• Reaktionsfähigkeit auf Krisen aller nicht auszuschließenden Intensitätsstufen einschließlich einer großen Krise in Europa („Bündnisfall, Verteidigungsfall“ o.Ä.). • Durchhaltefähigkeit und Eskalationsfähigkeit im Falle einer Ausweitung und/oder Steigerung einer Krise. • Deutschland als zentral gelegene, größte europäische Kontinentalmacht in der NATO sollte über einen Gesamtumfang von nicht weniger als 6-8 Divisionsäquivalenten (nach heutiger Prägung) plus entsprechende Komponenten an Luft- und Seestreitkräften verfügen. Dazu kommen Kräfte zum Schutz des eigenen Territoriums. • Faustregel für den deutschen Anteil an Interventionskräften der NATO: bis zu 20%; an Interventionskräften der EU: bis zu 25% (ist im Einzelfall natürlich abhängig vom Wo und Wie einer Krise).

2. Präsenz und Verfügbarkeit von Personal und Material

Maßgebende Faktoren	Folgerungen/Empfehlungen
• Das Risikospektrum, insbesondere der Aspekt der Eintrittswahrscheinlichkeit, verbunden mit • einem modernen Begriff der „Verteidigung“, der alle Kategorien militärischer Einsätze (außer humanitäre) einschließt und Abstufungen nur nach pragmatischen Gesichtspunkten vornimmt. • Die strategischen Interessen und internationalen Verpflichtungen Deutschlands sowie die daraus abgeleiteten Prioritäten. • Der Stellenwert, der sicherheitspolitischen und strategischen Gesichtspunkten im Kontext aller staatlichen Aufgaben eingeräumt wird und der sich in der Ressourcenzuweisung ausdrückt.	• Abgestufte Präsenz und flexible Aufwuchsmechanismen mit • im Frieden benötigten, • sofort und/oder in kürzerer Frist verfügbaren Kräften, • Fähigkeit zu kontinuierlichem, der jeweiligen Lage entsprechendem Aufwuchs (qualitative und quantitative Flexibilität) bis zur • Obergrenze des für große Krisen ermittelten Gesamtumfangs. (Das dafür benötigte Schlüsselpersonal und das nicht innerhalb der Vorbereitungszeit beschaffbare Gerät gehören in die Friedenspräsenz.) • Führungskapazität für internationale Einsätze.

3. Rüstungstechnische Qualität

Maßgebende Faktoren	Folgerungen/Empfehlungen
• Internationale rüstungstechnische Standards. • Technologische Trends: neue (eigene) Möglichkeiten, neue Bedrohungen/Risiken. • Deutsche strategische Interessen/Ziele mit daraus abgeleiteten Forderungen hinsichtlich • strategischer, operativer und taktischer Kernfähigkeiten.	• Erreichen bzw. Halten westlichen Standards in allen Bereichen, die das Leistungsprofil moderner Streitkräfte ausmachen, insbesondere Beweglichkeit, Duellfähigkeit/Durchsetzungsfähigkeit, Informationstechnologien, C^3I, Informationsoperationen. • Nutzung aller Möglichkeiten der Automatisierung bei gleichzeitiger Optimierung der personengebundenen (infanteristischen) Kampfkraft. • Rechtzeitige Einsatzbereitschaft von Abwehrtechniken gegen künftige Bedrohungen wie ballistische und Marschflugkörper, biologische Waffen etc. • Absolute Spitzentechnologie in ausgewählten Bereichen zur Erhaltung/Stärkung des eigenen Bündniswertes. • Permanente und umfassende Beobachtung und Auswertung *aller* rüstungstechnologisch relevanten Entwicklungen.

4. Strategische Kernfähigkeiten und Reichweiten

Maßgebende Faktoren	Folgerungen/Empfehlungen
• Risikospektrum und strategische Interessen, umgesetzt in potenzielle geographische Einsatzräume, geordnet nach strategischen Prioritäten: (1) eigenes Territorium, (2) Nordost- und Osteuropa einschließlich Ostsee, (3) übriges NATO-Gebiet und angrenzende Räume, (4) weitere Peripherie, (5) sonstige Räume. • Aufgaben- und Rollenverteilung im Bündnis. • Sonstige internationale Verpflichtungen.	• Heimatverteidigung, Sicherung der territorialen und strukturellen Integrität sowie der Operationsbasis Deutschland gegen konventionelle und unkonventionelle bzw. asymmetrische Bedrohungen (einschließlich Flugkörperbedrohung). • Operative Kräfte zur Verteidigung und Krisenbewältigung außerhalb Deutschlands im multinationalen Rahmen, Größenordnung abgestuft nach Interessenprioritäten (s.o.) von der Korpsebene bis zu einzelnen Verbänden bzw. Ad-hoc-Gruppen. • Beitrag zur bündnisgemeinsamen strategischen Luftkriegführung mit dem Schwerpunkt defensiver Luftkriegführung. • Teilnahme an bündnisgemeinsamen/multinationalen Maßnahmen zur Kontrolle von Seeräumen und Seeverbindungslinien mit eigenem Schwerpunkt in den an Deutschland angrenzenden Seeräumen. • Strategische Aufklärungs- und Führungsfähigkeit entsprechend dem deutschen Interessenprofil. • Entscheidungsinstrumente und -gremien für die politische und militärische Führung; hierbei: Verteidigung als gesamtstaatliche Aufgabe (ressortübergreifend).

5. Operative und taktische Kernfähigkeiten

Maßgebende Faktoren	Folgerungen/Empfehlungen
• Risikospektrum, ausgewertet nach potenziellen Einsatzräumen und möglichen Einsatzbedingungen im Rahmen des strategischen Interessenprofils (s.o.).	• Fähigkeit zu beweglichen Operationen auf Großverbands- und Korps-/Armeeebene, auch über weite Distanzen, mit entsprechenden Luft- und Seekriegsoperationen („joint"), • die dafür erforderliche Aufklärungs-, Führungs- und Logistikkapazität, • Fähigkeit zur Teilnahme an und Führung von multinationalen Operationen. • Bei den Landstreitkräften Beibehaltung und Weiterentwicklung der Fähigkeit zur mechanisierten Kriegführung auf allen Ebenen, einschließlich Weiterentwicklung moderner gepanzerter Fahrzeuge. • Aufbau moderner infanteristischer Kampfkraft zur Durchführung personalintensiver Aufgaben wie Kampf in unübersichtlichen Räumen oder Kontrolle/Überwachung von Räumen und Objekten im Zuge friedenserhaltender Maßnahmen. • Flexible Truppenstrukturen, die einen variablen, auf den jeweiligen Zweck zugeschnittenen Aufbau von Einsatzverbänden ermöglichen. • Beibehaltung/Ausbau nationaler Führungsfähigkeit auf allen Ebenen zur Wahrung der eigenen Handlungsfreiheit und zur Stärkung der internationalen Kooperationsfähigkeit.

9 Anhang II: Mögliche Risikoräume für die Sicherheit Deutschlands – Eine tabellarische Übersicht

In diesem Anhang werden die in Abschnitt 5.3 dargestellten möglichen Risikoräume für die Sicherheit Deutschlands noch einmal in einer tabellarischen Übersicht aufgeführt. In den folgenden Listen werden zunächst mögliche Entwicklungen, d.h. Szenarien, und in der zweiten Spalte mögliche strategische Konsequenzen mit ein, zwei Stichworten umrissen.

9.1 Risikoraum Osten

Mögliche Entwicklung (Szenario)	Mögliche strategische Konsequenzen
• Zerfall Russlands	• Instabilität, Grenzkonflikte • Flüchtlinge, Kriminalität • Bündnisfall (Polen)

9.2 Risikoraum Nordosteuropa

Nach Regeneration Russlands:

Mögliche Entwicklung (Szenario)	Mögliche strategische Konsequenzen
• Russischer Zugriff auf das Baltikum • Strategischer Ausbau der Position an der Ostsee • Druck auf Finnland, Schweden, Polen	• Direkte militärische Bedrohung Deutschlands (Ostsee als „Krisenrollbahn“) • Spaltung der EU • Bündnisfall • Unterminierung/Zerstörung der europäischen Friedensordnung • Flüchtlingsströme etc.

9.3 Risikoraum Osteuropa

Mögliche Entwicklung (Szenario)	Mögliche strategische Konsequenzen
• Zerfall der Ukraine in Ost und West	• Destabilisierung, Flüchtlinge, Kriminalität etc. • Eingreifen Russlands? • Ausweitung der Krise auf Polen, Balkan?
• Russischer Druck auf Polen oder Ukraine	• Bündnisfall (Polen), s.o.
• Russischer Zugriff auf Ostukraine und Krim	• Bruch der europäischen Friedensordnung oder deren Destabilisierung • Ausweitung der Krise • Involvierung Polens, der Türkei und/oder der USA

9.4 Risikoraum Kaukasus

Mögliche Entwicklung (Szenario)	Mögliche strategische Konsequenzen
• Russische Versuche, Herrschaft zurückzugewinnen • Kleinkriege • Kampf um Öl-Transportwege	• Destabilisierung Russlands • Auswirkungen auf Nachbarländer Türkei, Iran? • Involvierung der USA • Beeinträchtigung westlicher Ölinteressen? • Ausbreitung islamischen Fundamentalismus nach Europa • Terrorismus, organisierte Kriminalität • Allgemeine Krise in Europa und/oder Nah-Mittel-Ost

9.5 Risikoraum Südosteuropa

Mögliche Entwicklung (Szenario)	Mögliche strategische Konsequenzen
• Anhaltende Instabilität mit lokalen bewaffneten Konflikten auf dem Balkan	• Dauerpräsenz NATO (Kräftebindung) • Ausweitung in europäische Krise durch gewollte/ungewollte Einbeziehung anderer Staaten • Flüchtlinge, Kriminalität etc.

9.6 Risikoraum Nordafrika

Mögliche Entwicklung (Szenario)	Mögliche strategische Konsequenzen
• Destabilisierung • Revolutionäre Lagen • Radikalisierung von Regierungen/Parteien • Brückenkopfbildung für andere Mächte • Proliferation ballistischer und Marschflugkörper	• Migrationsdruck auf Europa • Radikalisierung islamischer Minoritäten in Europa • Kriminalität • Strategischer Terrorismus • Militärische Bedrohung (ballistische FK und MFK) • Gefährdung von See- und Luftverkehr im Mittelmeer

9.7 Risikoraum Nah-Mittel-Ost

Mögliche Entwicklung (Szenario)	Mögliche strategische Konsequenzen
• Krisen/Kriege zwischen Israel und arabischen Nachbarn • Irak und Iran als Hegemonial- bzw. aggressive Regionalmächte • Involvierung der Türkei • Aufrüstung mit ballistischen und Marschflugkörpern (Iran, Irak, Israel, ...) • Verbreitung von Massenvernichtungswaffen • Destabilisierung der Golf-Staaten (revolutionäre Entwicklungen)	• Involvierung der Großmächte; strategische Auswirkungen lokaler Krisen in dieser Region daher stets zu erwarten • NATO-Fall (Türkei) • Gefährdung strategisch wichtiger Erdölvorkommen und Transportwege für Erdöl • Kriminalitätsexport, Terrorismus • Allgemeine politische Krise

9.8 Risikoraum Südwestasien

Mögliche Entwicklung (Szenario)	Mögliche strategische Konsequenzen
• Konflikt Iran-Pakistan • Konflikt Indien-Pakistan • Konflikt Iran-Irak • Krisenherd Afghanistan	• Ausstrahlung auf Golfregion, Zentralasien • Nukleare Eskalation • Allgemeine globale Krise (USA, China, Russland) • Deutschland in vielfältiger Form betroffen (Involvierung Bündnispartner USA, Flüchtlinge, Öl etc.)

9.9 Risikoraum Zentralasien

Mögliche Entwicklung (Szenario)	Mögliche strategische Konsequenzen
• Instabile Staatenwelt: „Krisenrollbahn“ in Ost-West-Richtung • Initialzündung für russisch-chinesische und chinesisch-indische Konflikte	• Konträre, offene und verdeckte Interessenkollisionen USA, China, Russland • Transport von Terror, islamischer Fundamentalismus

9.10 Risikoraum Asien

Mögliche Entwicklung (Szenario)	Mögliche strategische Konsequenzen
• China als führende Regionalmacht: Herausforderung der USA • Konfliktsituation China-USA • Nukleare Risikostrategie	• Konkurrenz um Ressourcen • Betroffenheit Deutschlands als Verbündeter der USA • Herausbildung, Installation von Krisenherden an der europäischen Peripherie • Vielfältige Auswirkungen auf die globale Sicherheitslage (z.B. Nuklearstatus, ABM-Fragen, Proliferation etc.) • Rüstungsspirale, Rüstungsstrategien
• Russisch-chinesische Spannungen • Gewaltsame Austragung der Konflikte	• Rückwirkungen auf das Verhältnis China-Russland, Russland-Europa/Westen
• Chinesisch-indische Spannungen • Lokale und regionale Konflikte • Stellvertreterkriege	• Auswirkungen auf das globale Macht- und Kräfteverhältnis • Nukleare Rüstungsspirale • Eskalationspotenzial
• Indien als aufstrebende Regionalmacht mit möglicherweise globalen Ambitionen • Ausübung von Einfluss bis in die Golfregion und Ostafrika	• Ressourcenkonkurrenz mit Europa • Kontrolle der Seewege im Indischen Ozean (dem Westen freundschaftlich verbunden oder in Konkurrenz zu ihm)

10 Anhang III: Essays zu ausgewählten Einzelthemen

10.1 Anmerkungen zum erweiterten Sicherheitsbegriff

Seit geraumer Zeit wird oftmals vom „erweiterten Sicherheitsbegriff" gesprochen. Im Zuge allgemeiner „Erweiterungstendenzen" – man denke an die Erweiterung von NATO und EU – fällt kaum noch auf, dass „Sicherheit", *se cura*, d.h. „ohne Sorge", eigentlich keiner Erweiterung bedurfte. Sieht man von Kritikern westlicher Sicherheitspolitik vor Ende des Kalten Krieges ab, deren zutiefst unpolitisches Verständnis militärischer Macht sie dazu verleitete, den Begriff militärisch verengt zu betrachten, wurde Sicherheit und Sicherheitspolitik – zumindest von der überwiegenden Zahl der politisch Verantwortlichen und Experten – stets umfassend wahrgenommen.

Obgleich eine existenzielle militärische Bedrohung zu Recht die besondere Aufmerksamkeit westlicher Sicherheitspolitik verlangte, übersah man seitens der westlichen Regierungen keineswegs die nicht-militärische Dimension der Sicherheitspolitik. So zeugt der Marshall-Plan, der ja gerade darauf ausgerichtet war, die wirtschaftlich labilen Nachkriegsdemokratien zu stärken, um sie dadurch weniger anfällig für kommunistische Unterminierung zu machen, kaum von einer verengt militärischen Sichtweise. Auch wurden die Gefahren kommunistischer Subversion keinesfalls unterschätzt, wobei gerade dies wiederum seitens westlicher NATO-Kritiker als „Scharfmacherei" gebrandmarkt wurde. Weiterhin belegt der Harmel-Bericht, wie wenig westliche Politik mit Eindimensionalität zu tun hatte. In ihm verdeutlichte das westliche Bündnis, dass es auf der Grundlage einer gesicherten Verteidigungsfähigkeit eine *Entspannung* der Ost-West-Beziehungen anstrebte und dass Sicherheit nur im Zusammenhang *beider*

Elemente – Verteidigungsfähigkeit und Entspannung – gewährleistet werden könne.

Selbst der während der Zeit des Kalten Krieges erhobene Vorwurf eines – mehr oder weniger „autark" ablaufenden – Rüstungswettlaufs greift zu kurz und kann nicht als Beleg für ein verengtes sicherheitspolitisches Verständnis des Westens dienen. Da der Begriff „Wettlauf" einen nur geringen Erklärungswert besitzt und die ihm zugrunde liegende Annahme eines Aktion-Reaktion-Schemas – wie nachgewiesen werden konnte – in einem konfrontativen Verhältnis zur Empirie stand, erscheint es eher angebracht, von „Rüstungskonkurrenz" zu sprechen. Rüstungskonkurrenz war jedoch kein autonomer, unpolitischer Prozess, sondern vielmehr *eine* Ausdrucksform der politischen Konkurrenz zwischen Ost und West. Sie stellte das sowjetischerseits bevorzugte Feld der Auseinandersetzung mit dem Westen dar – auf welchen Gebieten hätte die UdSSR auch sonst mit dem Westen konkurrieren sollen? Dem Westen musste es somit darum gehen, die Rüstungskonkurrenz in Friedenszeiten mit der Sowjetunion durchzustehen, bis die systembedingten, immanenten Widersprüche des Kommunismus ihr Werk vollbringen konnten.

Das westliche Verständnis von Sicherheit kann somit kaum als verengt bezeichnet werden, und daher stellt sich die Frage, worauf sich eine Begriffserweiterung eigentlich bezieht. Sind es die vielbeschworenen „neuen" Herausforderungen? Vermutlich ja, wobei das „Neue" nicht die Bandbreite abzudeckender Szenarien umfassen kann. Die Spannweite sicherheitspolitisch zu erfassender Risiken war zweifelsohne früher größer. Das Spektrum reichte vom globalen thermonuklearen Krieg bis zur Subversion. Die Mehrzahl der heute diskutierten und allgemein als wahrscheinlicher aufgefassten Szenarien reicht an das extreme potenzielle Konfliktspektrum des Kalten Krieges noch nicht einmal ansatzweise heran.

Zudem ist die überwiegende Anzahl so genannter „neuer" Herausforderungen nicht sicherheitspolitischer Natur und darüber hinaus recht „alt". Nahezu alle diskutierten Risiken sind aus der Menschheitsgeschichte wohl bekannt. Viele der als Horrorszenario ausgemalten Flüchtlingsströme, die sich angeblich auf Westeuropa ergießen werden, sind in ihrer Größenordnung (nicht in ihrer Tragik!) recht begrenzt und überschaubar im Vergleich zu den Völkerwanderungen und den Massenvertreibungen früherer Zeiten. Hunger existiert unbestreitbar in einer Welt allgemeinen Überflusses, jedoch ist dieses Problem in keinerlei Hinsicht neu – Ernährungsprobleme, Hungersnöte gab es auch früher schon. Selbst Umweltprobleme sind nicht grundsätzlich neu; immerhin steigt die Lebenserwartung dank hygienischen Gepflogenheiten und moderner Medizin weiter an. Die Umweltproblematik wird sich – zumindest im euro-atlantischen Raum sowie kurz und mittelfristig – nicht als sicherheitspolitische Herausforderung stellen. Zugang zu Wasser als Konfliktgegenstand, inzwischen als mögliche Kriegsursache identifiziert, ist gleichfalls kaum dazu geeignet, historisch gebildete Beobachter als „neue" Erkenntnis zu beeindrucken. Und auch eines der drängendsten Probleme der Sicherheit für das Individuum, AIDS, ist vor dem Hintergrund der drastischen Auswirkungen, die Seuchen im Mittelalter mit sich brachten, (sowie angesichts der heute zur Verfügung stehenden Schutzvorkehrungen) keine Herausforderung fundamental „neuer" Natur. Außerdem wird es sich mit hoher Wahrscheinlichkeit um ein vorwiegend innenpolitisches Problem handeln und weniger die äußere Sicherheit betreffen.

Der Verweis auf einen erweiterten Sicherheitsbegriff erscheint zwar durchaus berechtigt, ist jedoch insgesamt weitaus weniger innovativ als es zunächst den Anschein hat. Die Sicherheit eines Staates hängt selbstredend von mehr Faktoren ab als denen der militärischen Sicherheit – dies war zu keiner Zeit geschichtlicher Überlieferungen anders. Obgleich alles mit allem zusammenhängt, hat niemand ernsthaft vorgeschlagen, das Umwelt- oder Innenministerium aufzulösen und dem Verteidigungsministerium unterzuordnen oder umgekehrt die Bundeswehr dem Wirtschaftsministerium zu unterstellen. Wohl aber ist zu überlegen, die Zuständigkeiten der Ressorts zugunsten eines (wirklichen!) Bundessicherheitsrates mit entsprechendem Unterbau und ressortübergreifender Kompetenz einzuschränken.

Sicherheitspolitik wird also wie bisher im „traditionellen", weiten Sinne zu betreiben sein. Was hingegen der Erweiterung bedarf, ist der Begriff der Verteidigung, wie er bislang in Deutschland verstanden wurde. So kann es nicht mehr um die Landes- oder Bündnisverteidigung im territorialen Sinne gehen, sondern vielmehr um die Verteidigung nationaler und bündnisgemeinsamer *Interessen*. In der mangelnden Rezeption dieses *erweiterten Verständnis von Verteidigung* und nicht in einer scheinbar verengten Betrachtung des Sicherheitsbegriffes liegt eines der zentralen Probleme der sicherheitspolitischen Selbstfindung Deutschlands.

Sicherheitspolitik ist risikoorientiert, vorbeugend und reaktiv. Sie hat alle denkbaren Risiken umfassend abzudecken; entsprechend vielfältig muss das Instrumentarium sein. Da jedoch stets Machtfragen im Spiel sind, hat Sicherheitspolitik nahezu immer eine militärische Dimension. Der militärische Faktor kann mittelbar wirken, indem er beispielsweise das Risikokalkül politischer Entscheidungsträger beeinflusst, oder unmittelbar, indem Konflikte unter Einmischung militärischer Mittel ausgetragen werden. Auch können Herausforderungen, die ihrem Wesen nach nicht-militärischer Natur sind, rasch eine militärische Dimension erlangen. Flüchtlingsströme können politisch instrumentalisiert und von Regierungen gesteuert werden; das gleiche gilt für terroristische Aktivitäten. In keinem dieser Fälle können westliche Staaten auf diese Art von Herausforderungen mit gleichen Mitteln – mit der Entsendung von Menschenmassen bzw. deren militärischer Bekämpfung oder mit eigenen Terroranschlägen – reagieren. Keinesfalls dürfen sich jedoch die Drahtzieher solcher Aktionen in Sicherheit vor militärischen Gegenmaßnahmen des Westens wiegen.

Die geographische Reichweite der Sicherheitspolitik richtet sich nach dem Ursprung des Risikos und zunächst nicht nach der Entfernung zur eigenen Landesgrenze. Zahlreiche Gefährdungen können auch über große Distanzen wirken. Dies bezieht sich nicht nur auf die Weiterverbreitung moderner Waffensysteme und deren Reichweite, sondern insbesondere auch auf die Vernetzung, durch die beispielsweise „Hackerangriffe" auf Computersysteme von jedem Ort der Erde aus durchgeführt werden können. Erforderlich sind daher eine globale Perspektive und ein entsprechender Horizont. Mit zunehmender Nähe kann sich allerdings das Gewicht eines Risikos erhöhen. Die Intensität der erforderlichen Gegenmaßnahmen wird in diesem Falle vermutlich gesteigert werden müssen. Dies wiederum legt – nicht zuletzt vor dem Hintergrund begrenzter Kräfte und Mittel – eine Priorisierung sicherheitspolitischer Zielsetzungen unter geostrategischen Gesichtspunkten nahe.

Ein globales Problembewusstsein, so zeitgemäß es angesichts einer von TV-Bildern bestimmten Welt auch erscheinen mag, geht allerdings nicht zwangsläufig Hand in Hand mit einer entsprechenden Problemlösungskompetenz bzw. mit einer realistischen Aussicht auf Bewältigung der anstehenden Probleme. Frustration oder Zynismus in der Bevölkerung sind angesichts überwältigend oder gar unlösbar erscheinender Probleme die Folge. Verantwortungsvolle Außen- und Sicherheitspolitik wird sich daher auf diejenigen Aufgaben zu konzentrieren haben, die unter sicherheitspolitischen Gesichtspunkten vordringlich verfolgt werden müssen – d.h. deren Vernachlässigung empfindliche Nachteile für Deutschland zur Folge hätte – oder die, bezogen auf die Interessen geringerer Priorität, gleichzeitig auch bewältigbar erscheinen. Mit anderen Worten: Da Kräfte und Mittel begrenzt sind, muss eine politische Auswahl sicherheitsbezogener Aufgabenfelder getroffen werden. Das Maß der Interessen und der Grad des Risikos bestimmen hierbei die festzulegende Prioritätenfolge. Angesichts des Umfangs der Aufgaben und der Begrenztheit der Mittel ergibt sich die Notwendigkeit von Allianzen und von Kompromissen. Weltanschauliche Präferenzen sind hierbei strategischen Erfordernissen unterzuordnen.

10.2 Flüchtlinge als Mittel der Kriegführung[28]

Eine gegenwärtig häufig gebrauchte Form der Kriegführung ist Kontrolle über Territorien durch die politische Kontrolle von Bevölkerungen. Die strategischen Ziele dieser Kriege sind daher absichtliche Bevölkerungsvertreibung mit einer Vielzahl von Mitteln.[29] Dabei werden u.a. „ethnische Säuberung“ und Massenvergewaltigung eingesetzt, so dass es großen Teilen der Bevölkerung unmöglich gemacht wird, weiter in ihrer Heimat zu bleiben. Die zivile Bevölkerung wird von den Kriegsparteien als Waffe instrumentalisiert, um die eigenen Ziele zu erreichen.

Meist beginnen diese Kriege nicht mit einer förmlichen Kriegserklärung, sondern mit spontanen Revolten. Im Gegensatz zu konventionellen Kriegen, in denen sich zwei oder mehr Armeen souveräner Staaten gegenüberstehen, werden die „kleinen Kriege“ von regulären Einheiten von Staaten oder irregulären Einheiten nicht-staatlicher Akteure geführt. Dabei werden all die Regelungen unterlaufen, die über Jahrhunderte im Kriegsvölkerrecht für den zwischenstaatlichen Krieg entwickelt worden sind. Dies führt dazu, dass es keine klare Unterscheidung zwischen Kombattanten und Nicht-Kombattanten gibt, keine zentrale Front sowie keinen vertraglichen Friedensschluss, der den Krieg beendet.[30]

Die Folge dieser Entwicklung ist, dass in fast allen gegenwärtigen Kriegen Zivilisten das Hauptziel und die Opfer der Kriegsstrategien sind. Die „neuen“ Kriege haben dazu geführt, dass Nicht-Kombattanten oft über 90% der Kriegsopfer ausmachen. Während das Verhältnis von militärischen zu zivilen Opfern in Kriegen zu Beginn des 20. Jahrhunderts 8:1 war, hat sich das Verhältnis in den 90er Jahren ins genaue Gegenteil umgekehrt und ist ungefähr 1:8.[31]

Diese Entwicklung belegen auch die folgenden Zahlen über die Zunahme von Zivilisten als Kriegsopfer:

- 5% aller Opfer im Ersten Weltkrieg waren Zivilisten,
- 50% der Opfer im Zweiten Weltkrieg waren Zivilisten,
- über 80% der Opfer im Vietnamkrieg waren Zivilisten,
- über 90% der Opfer in gegenwärtigen Kriegen sind Zivilisten.[32]

Ein weiteres neues Phänomen: Kriegsparteien instrumentalisieren die (westlichen) Medien für die Demoralisierung der gegnerischen Partei und der Zivilbevölkerung.

Bevölkerungsvertreibung als ein Mittel der Kriegführung muss daher zu diesen Faktoren gezählt werden. Komplexe humanitäre Notsituationen, die zu massiven Flüchtlingsströmen in die anliegenden Nachbarländer führen, bilden einen Faktor für Instabilität, da sie die Sicherheit und Stabilität der umliegenden Länder gefährden. Hierbei sind Flüchtlingsbewegungen gemeint, die sich von einem Konfliktherd ausgehend ausbreiten und das Potenzial haben, eine ganze Region zu destabilisieren. Es ist nicht anzunehmen, dass Flüchtlingsgruppen (bis zu 80% bleiben in der Herkunftsregion), die bis nach Europa vordringen, eine ernst zu nehmende Sicherheitsbedrohung für den inneren Frieden westeuropäischer Staaten darstellen werden.

Der allgemeine Anstieg von Flüchtlingen in den letzten 20 Jahren von 2,5 Mio. in den 70er Jahren, auf 11,5 Mio. im Jahre 1998 ist allerdings bemerkenswert.[33] Dabei müssen die Begriffe „Flüchtling“ und „Internally Displaced Person“ (IDP) unterschieden werden. Ein Flüchtling ist nach der Genfer Konvention von 1951 eine Person, die sich *außerhalb* ihres Herkunftslandes befindet. Eine IDP ist entsprechend eine Person, die innerhalb ihres Landes vertrieben wurde. Allgemein kann festgehalten werden, dass die Zahl der Flüchtlinge von 18,2 Mio. in 1993 auf 13,2 Mio. in 1997 gefallen ist, die Zahl der IDPs allerdings weiter steigt.[34]

Ein weiterer Grund, warum Flucht und Vertreibung in allgemeine Sicherheitsbewertungen aufgenommen werden sollten, ist das Diaspora-Problem. Hier müssen zwei Aspekte betrachtet werden. Zum einen der Einfluss der Diaspora in westlichen Ländern, zum anderen der Einfluss der Vertriebenen in der Krisenregion.[35] Durch den Globalisierungsprozess ist es möglich geworden, finanzielle Mittel und Unterstützung effizient zu den Konfliktparteien zu leiten. Studien weisen darauf hin, dass Diaspora-Gemeinden durch ihre Aktivitäten zur Erhaltung und Weiterführung von Kriegen beitragen (z.B. in Armenien, Aserbaidschan, Sri Lanka, Türkei und dem Ehemaligen Jugoslawien).[36]

10.3 Strategie und Umwelt

Strategie und Umwelt stehen in einer permanenten Wechselwirkung zueinander. Die Beziehung zwischen Strategie und Umwelt ist so alt wie die menschliche Zivilisation. Am Anfang der Staatlichkeit stand die Behauptung gegen und die Nutzung der Umwelt. Wasser musste verteilt bzw. Bewässerung, im großen Stil, organisiert werden (wie am Nil in Mesopotamien).

Der Staat repräsentiert Macht, genauer: organisierte, bewaffnete Macht. Dies wurde erforderlich, da erst der Besitz von fruchtbarem Land, von Wasser und von Bodenschätzen urbane Kulturen und Zivilisation ermöglichte. Ressourcen sind eine Quelle von Macht und Wohlstand, üben aber auch große Anziehungskraft auf die Nicht-Besitzer aus. Daraus ergibt sich das Risiko einer Aggression, das wiederum Schutz und Verteidigungsfähigkeit erfordert. Stets sind Steppen- oder Bergvölker gegen Fluss- bzw. Stadtkulturen angetreten; man denke an die Entstehung des Perserreiches seit dem 7. Jahrhundert v.Chr. oder aber daran, dass das Volk Israel gegen die Städte Palästinas aus der Wüste „in das Land, wo Milch und Honig fließt", marschiert ist[37] – einer der frühesten dokumentierten Vernichtungsfeldzüge aus Umweltgründen etwa im 15. Jahrhundert v.Chr. Beispiele aus der neueren Zeit umfassen die Entstehung der europäischen Kolonialreiche sowie das Ringen um Erdöl und andere strategische Ressourcen.

Land ist als Siedlungsgebiet und Lebensgrundlage eines Volkes unersetzlich, auch wenn sich Stellenwert und Bedeutung wandeln. Die Verteidigung des Landes entspricht jedoch auch weiterhin der *raison d'être* der Streitkräfte. Der Verlust von Land oder dessen empfindliche Qualitätsminderung beispielsweise durch Naturkatastrophen oder menschliche Einwirkung löst nicht selten militärische Aktionen aus, die die jeweilige Staatenwelt erschüttern. Man denke an die Kimbern und Teutonen, die nach Sturmfluten ihren Wanderungszug aus Jütland und Schleswig-Holstein nach Süden begannen und hierbei mehrere römische Armeen schlugen, bevor sie schließlich selbst vernichtet wurden (102 und 101 v.Chr.). Zwar schienen die Wanderungsbewegungen zunächst die (militärische) Lösung eines von der Umwelt verursachten Problems darzustellen; der Schock aber, den die völlig unerwartete Niederlage durch unterschätzte „Barbaren" der Großmacht Rom bereitete („kimbrischer Schrecken"), hatte nachhaltige Folgen: Die Völkerwanderung ab dem 3. Jahrhundert n.Chr. löste einen Schneeballeffekt aus, der schließlich zum Untergang des *Imperium Romanum* beitrug. Ein ähnliches Beispiel bilden die normannischen „Landnahmen" ab dem 8. Jahrhundert n.Chr.

Es ist nur allzu offensichtlich: Die Kombination von Anstoß bzw. Ursache aus Umweltgründen einerseits und geeigneter militärischer Potenz andererseits kann Erhebliches bewirken.

Wichtig ist: „Land“ wird, als Ausdruck staatlicher Identität, zu „Territorium“, indem es in der Antike beispielsweise durch sakrale Riten „in Besitz genommen“ wurde und in der Neuzeit (bis heute) Grundlage der Souveränität und nationaler Selbstbestimmung darstellt. Hieraus ergibt sich auch eine besondere Beziehung militärischer Macht zum eigenen Land, d.h. dem Territorium, als dem wichtigsten Schutzobjekt (territoriale Integrität), und die emotionale Bindung an Heimat und Vaterland.

10.3.1 Geostrategische Effekte (Umwelt als strategischer Faktor)

Die Umwelt, der Raum, die Lage des Territoriums bestimmen maßgeblich Charakter, Größe, Stabilität und die Interessen eines Staates. Ob ein Land aufgrund der eben genannten Faktoren eher maritim oder eher kontinental ausgerichtet ist, entscheidet über unzählige Details von Handel, Erwerb, Lebensgewohnheiten, und damit auch über strategische Maximen, z.B. die Frage einer eher defensiven oder offensiven Orientierung. Meist sind diese Faktoren schon bei der Staatengründung entscheidend: Wie sind die Flusssysteme, wie die Hafenkonditionen usw.? Folgerichtig hat Cicero in seiner „de re publica“, der Zusammenfassung römischer Staatsweisheit und Erfahrung von über 500 Jahren, die geostrategischen Bedingungen an den Anfang seiner Schilderung des optimalen Staates gestellt.

Die geostrategische Lage beeinflusst also wesentlich Sicherheit und internationale Bedeutung eines Staates, und zwar entweder aktiv oder passiv oder sowohl als auch. Befindet sich ein Land im Zentrum oder an der Peripherie, gibt es natürliche Barrieren (Gebirge, Flüsse, Wälder) und/oder Verbindungslinien (ebenfalls Flüsse, aber auch Täler, Meere), stellt das Land eine Schlüsselzone dar oder ist es eher in einer Nischenlage? Beispiele für die Bedeutung der Geographie lassen sich in nahezu beliebiger Zahl finden (für Großbritannien: der Ärmelkanal, für die Schweiz: die Alpenpässe). Auch für die künftige Gestaltung Europas werden geographische Gesichtspunkte eine wichtige Rolle spielen: die Ostsee, die Donauschiene, das Mittelmeer können entweder

Krisentransportbänder oder Verbindungslinien für Kooperation darstellen.

Geographische Gegebenheiten sind nicht zwingend konstant, sondern können der Veränderung unterliegen. Verändert sich die Umwelt, so verändern sich auch die strategischen Rahmenbedingungen und sogar die Existenzgrundlagen eines Staates. Beispiele bilden die Versandung von Hansehäfen im Spätmittelalter oder auch der Bau von Suez- und Panamakanal.

Der Zuschnitt und die Konzepte der Streitkräfte der entsprechenden Länder sind immer auch eine Antwort auf die Umwelt.

10.3.2 Operative Effekte

Die Umwelt (Land, See, Luft, Weltraum) stellt einen Ort militärischer Aktivitäten („Kriegsschauplatz") mit prägendem Einfluss dar. Klima, Jahreszeit, Wetter, Bodengestaltung, Bodenbedeckung sowie nautische und astronomische Bedingungen bestimmen wesentlich Art, Richtung, Zeitpunkt, Intensität und letztlich auch Erfolg oder Misserfolg von Operationen. Man denke an den Untergang der Armada (1588), an die Niederlagen Napoleons und Hitlers in Russland, an Ort, Zeitpunkt und Ablauf der alliierten Invasion (1944) sowie an die Operation „Desert Storm" (1991).

10.3.3 Einflüsse militärischer Aktivitäten auf die Umwelt

Neben dem Einfluss der Umwelt auf die Ausrichtung und die Operationsführung von Streitkräften haben aber auch militärische Aktivitäten Einfluss auf die Umwelt. Zerstörung und Verwüstung kann Begleiterscheinung oder Absicht eines Streitkräfteeinsatzes sein („Verbrannte Erde"), aber auch der laienhaften Übertreibungen durch Fachleute anderer Disziplinen entspringen („nuklearer Winter").

Die Umwelt wird durch das Militär vielfältig genutzt und belastet. So beanspruchen Streitkräfte Übungs- und Testgelände und alte, nicht eingesetzte Waffen müssen entsorgt werden. Letzteres ist insbesondere bei nuklearen, biologischen und chemischen Waffen nicht ohne Risiken und Aufwand. Das größte Risiko beim Abtransport der Chemiewaffen aus Deutschland waren allerdings nicht die Chemiewaffen selbst, sondern die friedensbewegten „Umweltschützer“, die den reibungslosen Abtransport störten. Auch müssen sich die Gegner moderner Nuklearfabriken in Deutschland fragen lassen, ob sie gegen die nukleare Abrüstung Russlands sind, denn moderne Technologie und Fähigkeiten stünden heute in Deutschland nicht zur Verfügung, wenn es nach den Gegnern der entsprechenden Firmen in einem kleinen hessischen Städtchen gegangen wäre...

Ein weiteres Beispiel ist die Abholzung der Wälder für den Flottenbau in Antike, Mittelalter und früher Neuzeit. Zu bedenken ist aber auch, dass die Flotten, die Attika und Euböa die Wälder kosteten, auch den Reichtum für den Bau beispielsweise der Akropolis brachten. Auch dies ist ein Beispiel für den engen Zusammenhang von Umwelt, Zivilisation und Militär.

Die Umwelt selbst bzw. deren Manipulation, kann auch als Waffe dienen. Man denke an die Deichdurchstiche in den Niederlanden während der Freiheitskriege (ab 1568), den Brand von Moskau (1812), die Zerstörung von Staudämmen, z.B. die Moene-Talsperre im Zweiten Weltkrieg, oder auch die üblichen Brunnenvergiftungen. Der Einsatz letzterer Methode könnte künftig in Neuauflage mit Hilfe biologischer Waffen um Größenordnungen problematischer werden.

10.3.4 Sicherheitsrelevante Umweltveränderungen, insbesondere militärischer Natur

Zahlreiche Umweltveränderungen neuerer Zeit könnten sich zukünftig als sicherheitspolitisch relevant herausstellen. Interessant in diesem Zusammenhang sind die Charakteristika der modernen Problematik. Was ist also neu? Zunächst ist eine zunehmend globale Dimension negativer Umweltveränderungen zu verzeichnen, d.h. regionale Beschränkungen von Wirkungen werden seltener. Es gibt also oftmals einen vergleichsweise großen Kreis mittelbar Betroffener, aber nur einen recht kleinen Kreis zu Gegenmaßnahmen Fähiger.

Hinzu kommt die quantitative Begrenztheit verfügbarer Umwelt (Land, Boden, Ressourcen), die zunehmend spürbar wird; ein Ausweichen ist dabei seltener möglich. Dies erhöht den Verteilungsdruck, die Konfliktneigung steigt. Gleichzeitig tritt eine Dynamisierung durch Bevölkerungsdruck und Zivilisationsentwicklung ein, wobei die Industrialisierung noch längere Zeit als Basis modernen Wohlstandes gelten dürfte. Die Kontraste zwischen „Entwickelten" und „Nicht-Entwickelten", zwischen Arm und Reich, zwischen „Nord" und „Süd" verschärfen sich hierbei. Dies ist der Stoff, aus dem klassische Konflikte entstehen.

Betrachten wir die sicherheitspolitische Relevanz einiger Umweltveränderungen im Einzelnen:

10.3.4.1 Klimaveränderungen und ihre Folgen

Klimaveränderungen stellen erdgeschichtlich keinerlei, und in der Menschheitsgeschichte eine nur begrenzte Neuerung dar. Klimaexperten sagen aufgrund der Treibhauseffekte einen Anstieg des Meeresspiegels mit Überschwemmungen und Dürren, eine Verschiebung des Klimagürtels, die Beeinträchtigung der Süßwasserversorgung usw. voraus. Treffen diese Prognosen zu, dann hätte dies erhebliche Auswirkungen für die Umwelt: Die Zerstörung von Infrastruktur und Siedlungsraum beispielsweise oder die Vernichtung agrarischer Wirtschaftsgrundlagen. Unmittelbar betroffen sein könnten – je nach Prognose – hundert bis mehrere hundert Millionen Menschen vornehmlich in Südostasien, Ozeanien und der Karibik. Der Prognosezeitraum bezieht sich auf die nächsten 50-100 Jahre.

Denkbare politische Folgen dieser drastischen Veränderungen schließen die physische Vernichtung einiger Inselstaaten, die Schädigung staatlicher Strukturen, den Zusammenbruch regionaler Ordnungssysteme, Migrationswellen in nicht oder weniger betroffene Gebiete und mögliche internationale Konflikte oder Gewaltakte ein.

Tritt keine Trendwende bei der Klimaveränderung ein (und treffen die entsprechenden Annahmen und Hypothesen der Klimaforscher zu), sind sicherheitspolitische Auswirkungen mit militärischen Koeffizienten wahrscheinlich. Gleichzeitig liegen sie aber jenseits eines Zeithorizontes, der schon jetzt konkrete, politisch operationalisierbare Aussagen zuließe. Politik, zumal demokratisch legitimierte, handelt kaum aufgrund von Erkenntnissen oder Einsichten (insbesondere nicht, wenn Auswirkungen nicht gesichert und erst langfristig, d.h. nach den Wahlen, zu erwarten sind), sondern reagiert auf Ereignisse. Da aber zurzeit noch nicht absehbar ist, wo, wann und wie ein klimainduziertes Problem genau auftritt, wer betroffen ist und in welcher Konstellation, werden die Probleme nicht angegangen.

Daher bleibt als krisenprophylaktische Maßnahme die Bereitstellung bzw. der Aufbau der Fähigkeit zum allgemeinen Krisenmanagement, auch dem militärischen. Diese Fähigkeit muss langfristig erhalten werden, da Deutschland Mitglied der „Wohlstandsinsel" ist, die notfalls eben auch verteidigt werden muss.

Strategisch gesehen ist jedoch dringend dazu zu raten, die Zeit zu nutzen, um Lösungen zu entwickeln, die eine sicherheitspolitisch-militärische Aktion weniger wahrscheinlich machen, auch wenn diese letztlich nie ausgeschlossen werden kann. Ob allerdings sinnvolle Vorkehrungen, wie beispielsweise Deiche zu bauen und Umsiedlungen vorzubereiten, auf höhere politische Akzeptanz als die Stärkung der Verteidigungsfähigkeit stoßen, bleibt zumindest zweifelhaft.

10.3.4.2 Verringerung von Biotopen, nutzbaren Flächen, gemeinsamen Gütern

Der Verlust agrarisch nutzbarer Flächen, die Abholzung von CO_2-Speichern (Regenwald o.Ä.), der Raubbau oder die Übernutzung gemeinsamer Güter (wie Fischbestände usw.) kann ähnliche Folgen haben wie die eben im Unterabschnitt Klimaveränderungen beschriebenen. Betroffen könnten auch die Industriestaaten sein durch Verschlechterung der Lebensqualität und des Verlustes an Ressourcen. Einige Folgen könnten schon in kürzerer Frist spürbar sein.

Direkte Konflikte sind in diesem Zusammenhang durchaus möglich, insbesondere wenn eine unmittelbare Betroffenheit und eine Beeinträchtigung von Interessen erkennbar wird. Diese Konflikte können auch mit militärischen Mitteln ausgetragen werden. Beispiel hierfür könnten „Fischereikriege" zwischen Spanien und Kanada oder Großbritannien und Island sein, wobei diese aber eher eine Ausnahme in künftigen Konfliktszenarien darstellen dürften mit einer erwartungsgemäß geringen Tiefenwirkung auf die Staatenwelt.

Im Übrigen ist die internationale Durchsetzung von Umweltstandards mit militärischen Mitteln doch recht unwahrscheinlich; Grünhelmeinsätze gestützt auf Kapitel VII der VN-Charta wird es vermutlich nicht oder zumindest nicht in signifikantem Umfang geben. All dies gilt, obwohl der Schutz der Umwelt beispielsweise in den USA offiziell als „strategisches Interesse" ausgewiesen ist. Aber der Unterschied zwischen „deklarierter Politik" und „tatsächlicher Politik" ist jedem Studenten der Politischen Wissenschaften bewusst.

10.3.4.3 Ressource Süßwasser

Bei Süßwasser ist ein steigender Bedarf zu verzeichnen, wobei diese Ressource nur begrenzt erneuerbar ist. Wasserknappheit tritt vor allem in Entwicklungsländern, zunehmend aber auch in Teilen Europas auf. Verteilungskonflikte werden naturgemäß regional begrenzt sein. Dort, wo sie in Erscheinung treten, werden sie aber um so heftiger ausgetragen, je größer die Abhängigkeit von Wasserreserven (Flüsse, Grundwasser) auf dem Territorium von Nachbarn ist. Problematisch ist die Tatsache, dass sich die Süßwasserknappheit zumeist auf diejenigen Regionen konzentriert, in denen ohnehin schon anderer Konfliktstoff kumuliert: so die Situation in Ägypten, das fast vollständig von Süßwasser aus dem Sudan bzw. Äthiopien abhängig ist, oder die Lage im Irak und in Syrien, die auf Süßwasser aus der Türkei angewiesen sind, aber auch die Süßwasserproblematik zwischen Israel und Palästina.

In all diesen Regionen kann es in den nächsten Jahren zu militärischen Auseinandersetzungen kommen, für die Süßwasser eine – wenngleich nicht die einzige – Ursache ist. Europäische Staaten werden in jedem Fall betroffen sein. Zwar sind internationale Wasserregime durchaus möglich (siehe Donau), aber nur, wenn auch andere politische Konfliktstoffe beseitigt sind.

10.3.4.4 Ressource fossile Energie, insbesondere Erdöl

Fossile Energie, insbesondere Erdöl, stellt den aus sicherheitspolitisch-strategischer Sicht wohl gravierendsten Umwelt-Konfliktstoff dar. Sie ist nicht erneuerbar, die Vorkommen sind begrenzt und oftmals in kritischen Regionen angesiedelt, der Bedarf steigt. Neue Nachfrager aus Südostasien, insbesondere aber China, treten wegen der Industrialisierung auf und verschärfen hierdurch das Verteilungs- und Zugangsproblem. Große Lagerstätten fossiler Brennstoffe werden oder bleiben somit strategisch neuralgische Zonen, insbesondere der Nahe und Mittlere Osten und künftig wohl auch der kaukasische Raum.

In Kombination mit anderen Konflikten ist jederzeit ein dynamisches Aufschaukeln möglich. Konflikte um fossile Energieträger stellen die wohl wahrscheinlichste Quelle umweltinduzierter Krisen – möglicherweise auch mit einer militärischen Dimension – in den nächsten Jahren und Jahrzehnten dar. Europa wird in der überwiegenden Zahl der Fälle mehr oder weniger betroffen sein. Hinzu kommt das langfristige Problem des Zugangs der Entwicklungsländer zu den Energiereserven. Diese Problematik wird den „Nord-Süd-Konflikt“ tendenziell verschärfen.

10.3.5 Abschließende Bemerkung

Was bedeuten Geographie und Umwelt in der Zeit vernetzter Computer und virtueller Fabrikationsanlagen? Die Antwort liegt auf der Hand: Die Politik der Schweiz und Luxemburgs beispielsweise im Vergleich zu derjenigen Chinas oder Russlands wird nicht durch die Speicherkapazitäten der Chips oder die Taktfrequenz des Prozessors, wohl aber durch Geschichte und Geographie – und eben auch deren Wechselwirkung mit der Umwelt – verständlich.

10.4 Zur Natur des Krieges

10.4.1 Mittel der Politik

Die Geschichte kennt unzählige Gründe und noch mehr Anlässe für Krieg: In der Bibel ging es um Landnahme, bei Homer – angeblich – um Helena, bei den Nibelungen um Gold und Rache. Selten ist die Ursache allerdings so klar bestimmbar wie bei den Dichtern. Die Schuld ist meist umstritten und wird im Zweifel dem Verlierer zugewiesen. Nur der politische Vorteil und der Nachteil lassen sich in der Regel nüchtern bilanzieren. Clausewitz und Aron nennen hierfür die Gründe: „Der Krieg ist ein Instrument der Politik“[38] (Clausewitz) und „Politik ist die kämpferischste aller sozialen Tätigkeiten“[39] (Aron). Krieg ist eines ihrer Mittel – nicht mehr, aber auch nicht weniger.

Aus dieser ebenso einfachen wie fundamentalen Erkenntnis folgt zweierlei: (1) Krieg, oder allgemeiner: der gewaltsame Konflikt sozial organisierter Gruppen, wird – zumindest noch auf längere Sicht – Bestandteil der internationalen Wirklichkeit sein. (2) Man kann einen Krieg zwar aus den verschiedensten Gründen beginnen; führen oder verhindern kann man ihn aber nur, indem man die angemessenen politischen und strategischen Mittel und Methoden anwendet. Das erklärt, warum Lichterketten und pazifistische Verlautbarungen, wenn überhaupt, dann meist nur der Gegenseite nutzen. Diese und vergleichbare Aktionen sind häufig (allerdings durchaus nicht immer) gut gemeint, aber gemessen am Ziel kaum hilfreich.

Kritiker von Clausewitz und seiner aus mehreren tausend Jahren Politik- und Kriegsgeschichte abgeleiteten Aussage behaupten, nicht die Politik, sondern die Kultur seien das begründende und zielsetzende Element des Krieges. Dieser These widmet beispielsweise John Keegan sein Buch „Die Kultur des Krieges“.[40] Das Kriegführen sei seit 4000 Jahren zu einer Gewohnheit der Menschen geworden. Aber bis das europäisch-abendländische Denken die Tendenz zur Vernichtung des Gegners und zur absoluten Gewaltanwendung durchsetzte, hätten andere Völker und Kulturen durchaus Mittel und Verfahren (z.B. Rituale und Zeremonien, Selbstbeschränkung und Diplomatie) gekannt und angewandt, um den Krieg zu bändigen. Diese müsse man wieder erlernen und sich von den falschen Gewohnheiten lösen.[41] Letztlich: „Die Politik muss weitergehen; die Kriege dürfen es nicht.“[42] Die kulturelle Weiterentwicklung der Menschheit, ein qualitativer Sprung auf der Kulturstufe, kann demnach zur Beseitigung des Krieges führen. Dies wäre eine neue Variante der These vom „Ende der Geschichte“.

10.4.2 Formen und Arten des Krieges

Natürlich ist es nicht ohne Reiz, die Kriegsgeschichte in dieser Art und Weise „gegen den Strich zu bürsten“. Aber:

Solange das „Ende der Geschichte“ nicht Realität ist, bleibt es beim *politischen* Phänomen des Krieges.

Auf eines weist die Kulturthese jedoch hin: Die Erscheinungsformen des Krieges hinsichtlich der Motive, Mittel, Rituale und Methoden, der Intensität und Beschränkungen sind geprägt und bedingt durch das jeweilige kulturelle und zivilisatorische Umfeld. Dies ist *ein* Grund für die Vielfältigkeit der Formen bewaffneter Konflikte. Der zweite Grund liegt in den typischen Tendenzen des Krieges, die Clausewitz die „wunderliche Dreifaltigkeit“ nannte: Gewaltsamkeit und Hass, Spiel des Zufalls sowie rationales politisches Kalkül.

Der Krieg ist ein perfekter Verwandlungskünstler, der sich zweckrational ständig seinem Umfeld anpasst. Je nach Zustand der „Staatenwelt“ beobachten wir den Krieg der Könige, der Kabinette, der Nationalstaaten und nunmehr der Staatengruppen, aber ebenso der nicht- oder quasi-staatlichen Organisationen, der Minoritäten, ja sogar Einzelner gegen Staaten und Völker. Je nach Motiven und Interessen weisen die Kriege eine hohe oder niedrige Intensität auf. Und je nach sozio-ökonomischer Verfügbarkeit werden wir es mit globalen oder regionalen Operationen, mit Großverbänden und Spitzentechnik bis hin zu lokalen Bandenkämpfen, mit strategischem Terror und mit „cyber war“ zu tun haben.

Bei Clausewitz waren die Kategorien noch relativ klar (absolutes oder begrenztes Ziel, Krieg oder Frieden, reguläre oder irreguläre Kriegführung); nunmehr haben sie ihre Trennschärfe eingebüßt. Wir erleben einen Aufbruch der internationalen Ordnungen, Globalisierung, Mobilität und die Quantensprünge der Technologie; sie haben die Grenzen fließend gemacht. Strategie reicht künftig von Weltraum, Massenvernichtungsmitteln, klassischen Operationen bis in die Grenzbereiche der Kriminalitätsbekämpfung. Diese Durchlässigkeit und Wandelbarkeit von Art und Form gilt nicht nur für den Beginn, sondern auch für den Verlauf eines Konfliktes (hier seien nur kurz die Stichworte genannt: Dynamisierung/Eskalation, Globalität, Verlagerung von Ort, Methode und Schwerpunkt).

Neben vielen Überlegungen, die die Art der Gewaltanwendung bestimmen, gibt es einen einzigen, durchgängig gültigen Maßstab: nämlich den erhofften Erfolg als Ziel und die Zweckrationalität als Methode. Mit anderen Worten: Trotz aller Emotionalität, die im Krieg immer mitschwingt, entscheidet letztlich die kühle Kalkulation der Interessen. Für den strategischen Planer von heute und morgen heißt dies erstens, sich auf alles realistisch Denkbare einzustellen, und zweitens, mit dem richtigen „Takt des Urteils" (so Clausewitz) die eigenen Schwerpunkte zu bestimmen.

10.4.3 Die Gewalt und ihre Bändigung

Bei Clausewitz heißt es: „Der Krieg ist ein Akt der Gewalt, um den Gegner zur Erfüllung unseres Willens zu zwingen. Die Gewalt rüstet sich mit den Erfindungen der Künste und der Wissenschaften aus, um der Gewalt zu begegnen. Unmerkliche, kaum nennenswerte Beschränkungen, die sie sich selbst setzt, begleiten sie, ohne ihre Kraft wesentlich zu schwächen."[43]

Die Gewalt ist das konstituierende, bestimmende Element des Krieges; ihre organisierte, agonistische Anwendung unterscheidet ihn von den anderen Arten der Politik. Das Element der Gewalt ist stets vorhanden (Ubiquität), wenn auch in unterschiedlicher Dosierung (doch darüber später); und dieses Element der Gewalt muss daher eine Konstante in jeder strategischen Kalkulation sein.

Die letzte Steigerung der Gewalt, nämlich die Androhung oder Ausführung der physischen Vernichtung, ist durch kein anderes strategisches Mittel mehr zu überbieten. Die Bedrohung der politischen oder gar physischen Existenz eines Staates bzw. eines Volkes mittels Gewalt überspielt daher jedes andere strategische Argument, bewirkt allerdings auch die äußerste Anstrengung der Gegengewalt. Weil Gewalt bis zur physischen Vernichtung gehen kann, ist sie im direkten Schlagabtausch jedem anderen strategischen Mittel überlegen. Sie kann nur durch Gegengewalt neutralisiert oder gebrochen werden; der Stärkere, Entschlossenere oder Risikofreudigere hat den Vorteil. In den Worten des Generals von Clausewitz: „Da der Gebrauch der physischen Gewalt in ihrem ganzen Umfange die Mitwirkung der Intelligenz auf keine Weise ausschließt, so muss der, welcher sich dieser Gewalt rücksichtslos ohne Schonung des Blutes bedient, ein Übergewicht bekommen, wenn es der Gegner nicht tut."[44] Ob die Gegengewalt präsent, glaubwürdig verfügbar oder nur wirksam vorgetäuscht sein muss oder kann, hängt von den Umständen ab. Hieraus folgt zwingend, dass auch die mögliche Steigerung der Gewalt Gegenstand jeder strategischen Kalkulation sein muss (als Option oder als Risiko).

10.4.3.1 Normen

Menschen haben stets versucht, die zerstörerische Wirkung des Krieges nicht nur für ihre Zwecke zu nutzen, sondern auch zu unterbinden oder einzudämmen. Vergil, der Vater des Abendlandes, lobt im ersten Gesang der Äneis den Augustus, weil er die Pforten des Krieges verschlossen hat, des „Dämons des ruchlosen Wahnsinns, der hockt über grausen Waffen und knirscht mit blutigem Munde."[45] Weit weniger gehaltvoll und am anderen Ende unserer Zeitrechnung schreibt der „Der Spiegel" unter dem Titel „Die Bestie Krieg" in einer Rezension über einen „maßvollen" oder „mäßigen" Krieg.[46]

Versuche der Einhegung des Krieges durch Normen gibt es viele. Insbesondere lassen sich zwei Kategorien unterscheiden: (1) Die *einseitigen Bemühungen* zur politischen Kontrolle des eigenen Vorgehens, insbesondere durch Einsatzrichtlinien *(Rules of Engagement)* und (2) überparteiliche Einhegungsversuche. Hierzu zählen (a) die religiösen Einhegungsversuche – man denke an das Verbot der Kriegführung zu bestimmten Zeiten (z.B.: Ramadan), an den Ausschluss bestimmter Orte oder das Verbot bestimmter Kampfweisen, (b) die Einhegung durch philosophische Utopien (man denke an Erasmus oder Kant), (c) die Einhegung durch übergeordnete bzw. überstaatliche Instanzen (hier seien Papst, Kaiser, UNO und OSZE genannt) und schließlich (d) die Einhegung durch juristische Normen (also: Völkerrecht und humanitäre Vereinbarungen).

Aber es gibt Probleme mit den überparteilichen Normen: So besteht die Gefahr der Missachtung der Regeln durch eine Partei (meist der stärkeren oder skrupelloseren), um sich Vorteile, zumindest temporär, zu verschaffen. Verwiesen sei auf das englische Sprichwort: „Im Krieg und in der Liebe ist alles erlaubt." In Thukydides, „Der Peloponnesische Krieg", im Melier-Dialog, 416 v.Chr., heißt es hierzu: „Wissen wir doch beide nur zu gut, daß es bei Verhandlungen unter Menschen nur dann Gerechtigkeit gibt, wenn beide unter dem gleichen Zwange stehen, daß dagegen die Überlegenen unternehmen, was möglich ist, und die Schwachen es ihnen zugestehen."[47] Also: Ohne Zwang, ohne Sanktionsdruck einer dazu fähigen Autorität oder des Instrumentes der Repressalien, d.h. ohne Macht bzw. Gewalt taugt die beste Regel wenig. (So viel zum Thema „Friedensordnung" und kollektive Sicherheit. Die Frage muss erlaubt sein: Wer sanktioniert eigentlich den Starken?)

Ein weiteres Problem mit den überparteilichen Normen besteht darin, dass sie in der Regel nur innerhalb derselben Normen- und Wertegemeinschaft gelten (hier sei auf das Thema „Bedingtheit des Krieges durch die jeweilige Kultur" verwiesen; siehe oben). Die globale Welt, mit der es die Strategie heute zu tun hat, ist aber von einer allgemein gültigen Norm weit entfernt. Internationales Recht, insbesondere Kriegsvölkerrecht, beruht auf „westlichen" Werten – und nicht auf chinesischen oder islamisch-fundamentalistischen. Mit der selbstverständlichen Akzeptanz westlicher Werte und Vorstellungen vom Kriegsvölkerrecht kann aber nicht immer und in jedem Konflikt gerechnet werden.

Hieraus ergeben sich als Konsequenzen für den strategischen Planer: (1) Selbstverständlich sind die eigenen Normen, inklusive des internationalen Rechts, für ihn selbst verbindlich (so gilt beispielsweise für die Bundeswehr der Artikel 25 des Grundgesetzes). Es gibt aber keinen Verlass darauf, dass sich auch der Gegner daran hält. Daher sind (2) Vorkehrungen gegen einseitige Vorteilsbeschaffung und zur Wiederherstellung der Rechtsbasis geboten.

10.4.3.2 Eskalation

Die Anwendung von Gewalt steht nach Beginn eines Schlagabtausches nicht mehr im Belieben einer Partei, die Intensität ist nicht mehr einseitig dosierbar. Der Grund liegt in der dialektischen Dynamik (Clausewitz). Dies hat eine Reihe von Konsequenzen, die es zu berücksichtigen gilt:

(1) Wenn der erste Einsatz nicht erfolgreich war, müssen die Anstrengungen erhöht (d.h. der Konflikt eskaliert) oder das Unternehmen muss mit Verlust abgebrochen werden.

(2) Wer die Initiative behalten und damit den Konflikt nach seinen politischen Vorstellungen beenden will, bedarf der Es-

kalationsdominanz hinsichtlich der Kräfte und Mittel oder im Sinne eines anderen operativen Ansatzes. Dies gilt es, vor Beginn der Kampfhandlungen genau zu kalkulieren.

(3) Wer Streitkräfte einsetzt, muss über eine klare Zielsetzung verfügen sowie den Willen haben, sich durchzusetzen. Anderenfalls besteht die Gefahr der Fehlkalkulation, des militärischen Debakels und der politischen Niederlage. Eine Strategie nach dem Prinzip „Versuch und Irrtum" verdient den Namen nicht.

(4) All das gilt auch im Rahmen des „Krisenmanagements", das oftmals den Charakter eines Pokerspiels annehmen kann.

10.4.3.3 Gewalt und Gegengewalt

Dass Gewalt in der Realität selten bis zum Äußersten geht, liegt an den abschwächenden und retardierenden Momenten der Politik, genauer an den von der Politik verfolgten Zielen und Interessen. (Auch das ist bei Clausewitz nachzulesen; es stellt jedoch eine uralte historische Erfahrung dar.) Ergo besteht genau an dieser Stelle die beste Chance, steuernd einzugreifen.

Krieg ist immer ein Wagnis (Sun Tzu), und im Allgemeinen ist jeder daran interessiert, seine meist begrenzten Kräfte zu schonen. Da der Zweck ein politischer ist, d.h. ein bestimmter politischer Zustand (und nicht Zerstörung an sich) angestrebt wird, zieht man möglichst die kampflose Durchsetzung seines Willens vor. Sun Tzu sagt hierzu: „Den Feind ohne Kampf zu unterwerfen, ist der Gipfel der Kunst."[48] Thukydides (lässt die Athener sagen): „Denn wir wünschen, die Herrschaft über euch ohne Mühsal zu gewinnen [...]".[49] Clausewitz schreibt: „Der Eroberer ist immer friedliebend, er zöge ganz gern ruhig in unseren Staat ein [...]."[50] Alle die genannten „friedlichen" Vorgehensweisen und Konzepte beruhen stets auf dem Willen und der Fähigkeit zur Gewalt, die in Form von Herrschaft dann doch wieder auftritt. Hieraus folgt, dass Strategie ohne Gewalt nicht denkbar ist. Auch dort, wo nicht direkt angewandt, wirkt Gewalt dennoch durch Präsenz – Strategie ohne Gewaltmittel ist wie eine Kreditkarte ohne Kredit. Die möglichen Reaktionen bestehen in der Kapitulation, im Einsatz von Gegengewalt oder im „Pokern" um Zeitgewinn mit späterem Rückgriff auf Gewalt. Weitere Alternativen sind üblicherweise nicht verfügbar.

Es geht also darum, mittels Gegengewalt – oder der glaubwürdigen Drohung hiermit – Einfluss auf das Kalkül des Gegners auszuüben. Vor 2000 Jahren hieß es bereits in der Bibel hierzu: „Oder welcher König will sich begeben in einen Streit wider einen andern König, und sitzt nicht zuvor und rathschlaget, ob er könnte mit zehntausend begegnen dem, der über ihn kommt mit zwanzigtausend? Wo nicht, so schickt er Botschaft, wann jener noch ferne ist und bittet um Frieden.“[51] Die dort beschriebene Analyse folgt also dem Schema: Kräftevergleich – negative Einschätzung der Erfolgsaussichten – also: kein Einsatz von Gewalt. Ein klassischer Fall erfolgreicher Abschreckung (in diesem Fall durch den Aggressor).

Clausewitz bringt diesen Sachverhalt auf den Punkt: Neben der Unfähigkeit zum Widerstand gibt es zwei Gründe für den Frieden im Sinne des Absehens von (weiterer) Gewaltanwendung: (1) die Unwahrscheinlichkeit des Erfolges oder (2) sein zu hoher Preis.[52] Mit anderen Worten: Das Ziel ist mit den vorhandenen Mitteln nicht erreichbar oder die zu erwartenden Verluste, die Nachteile oder die Gefahr einer Niederlage sind zu hoch.

Abschreckung vom oder im Kriege zielt auf die Interessen- oder Risikokalkulation des Gegners. Es handelt sich um ein „Spiel“, wenngleich ein oftmals tödliches. Der Spielcharakter ist eine Tendenz des Krieges, man denke an das oben erwähnte Element des „Zufalls“ und das Spiel mit Drohung und Gegendrohung. Voraussetzung für Erfolg sind gute „Karten“ auf der eigenen und nüchterne Interessenkalkulation auf der gegnerischen Seite. Die Kalkulation des Gegners wird den politischen Vorteil oder Nutzen auf der einen Seite dem notwendigen Aufwand bzw. dem möglichen Schaden (oder der Eintrittswahrscheinlichkeit oder der Akzeptanzschwelle) auf der anderen gegenüberstellen. Abschreckung mit konventionellen Waffen ist im Übrigen schwieriger zu kalkulieren, da ein möglicher Abwehrerfolg oder die Chance eines Gegenschlages nie ganz auszuschließen ist. Nukleare Abschreckung hingegen konfrontiert den Gegner mit einem klar erkennbaren Existenzrisiko. Dies liegt auch für einen risikofreudigen Gegner üblicherweise oberhalb der Akzeptanzschwelle; in diesem Punkt reagiert auch der wildeste Diktator sehr rational und vorsichtig. Das Problem ist natürlich die Glaubwürdigkeit der Drohung und die Möglichkeit der Gegenabschreckung.

11 Anmerkungen

1 Es wird nicht davon ausgegangen, dass es möglich ist, exakte Prognosen über einen Zeitraum von 30 Jahre im Voraus zu geben. Einige Faktoren besitzen darüber hinaus eine solche Dynamik, dass eine Prognose, die für das Jahr 2030 zutreffen mag, bereits im Jahre 2032 überholt sein könnte.

2 Zu beachten ist auch, dass sich das europäisch-amerikanische Verhältnis auf komplementärer Ebene befindet, während bei einer Partnerschaft mit Russland wohl stets das ausbalancierende Element überwiegen dürfte.

3 In den meisten Fällen ist das Bundesland zuständig – und damit in vielen Fällen zunächst die lokale Feuerwehr. Ist der Vorfall als terroristischer Anschlag identifiziert und/oder droht die Ausbreitung einer Seuche, wird sicherlich rasch ein Krisenstab auf Bundesebene gebildet und ggf. auch auf die Notstandsgesetze zurückgegriffen werden können.

4 Wissenschaft entsteht im Gespräch – so formulierte es einmal der Physiker und Nobelpreisträger Werner Heisenberg. Diese Untersuchung beruht maßgeblich auf unzähligen Gesprächen mit Brigadegeneral a.D. Manfred Bertele; ohne ihn hätte ich dieses Buch nicht schreiben können. Zahlreiche Anregungen verdanke ich auch Diskussionen mit Robbin F. Laird, dem ich gleichfalls zu Dank verpflichtet bin. Viele Abschnitte dieses Buches beruhen auf früheren Veröffentlichungen des Verfassers; sie werden hier nur in Ausnahmefällen aufgeführt.

5 Die Szenarien des Kapitels 2 sind in zahlreichen Gesprächen mit Robbin F. Laird entwickelt worden. Ihm verdanke ich wesentliche Anregungen und Gedanken.

6 Inzwischen wurde diese Episode wohl beendet; die EU lenkte ein.

7 Es liegt auf der Hand, dass es im westlichen Selbstverständnis vielfach „gute“ Gründe zur Intervention gibt. Zahlreiche kleinere und mittlere Staaten sind auf amerikanischen bzw. westlichen Schutz und Beistand angewiesen. Wer, wenn nicht die USA, gegebenenfalls in Zusammen-

arbeit mit anderen westlich orientierten Ländern, wären dazu in der Lage, bedrohten Ländern Sicherheit zu bieten? Durch Beistandszusagen tragen die Vereinigten Staaten im Übrigen zur Verhinderung der Weiterverbreitung von Massenvernichtungswaffen bei, indem sie den Anreiz, über eigene Mittel zur Rückversicherung zu verfügen, dämpfen. Heute gilt die gewaltsame Veränderung des *Status quo* als Kriterium für die „Berechtigung" zur Intervention.

8 The Macmillan Atlas of the Future – Discover What Lies in Store for Our World in the 21st Century and Beyond, Ian Pearson (Hg.): New York 1998. Dieser Unterabschnitt (3.1) basiert weitgehend auf den Ausführungen in diesem Atlas.

9 Zum Themenkomplex Nanotechnologien, Biotechnologien, Robotik und Künstliche Intelligenz sei auf die äußerst interessante Diskussion im Rahmen des Feuilletonteils der Frankfurter Allgemeinen Zeitung verwiesen. Der Schwerpunkt der Diskussion in Form zahlreicher Aufsätze anerkannter Fachleute lag im Sommer des Jahres 2000. Wesentliche Aufsätze sind in dem Buch des FAZ-Herausgebers Frank Schirrmacher abgedruckt. Siehe: Frank Schirrmacher (Hg.): Die Darwin AG. Wie Nanotechnologie, Biotechnologie und Computer den neuen Menschen erträumen, Köln 2001.

10 Es kann davon ausgegangen werden, dass Japan über alles zum Bau von Kernwaffen Erforderliche verfügt, außer der Entscheidung, Nuklearmacht zu werden.

11 Es soll keinesfalls bestritten werden, dass der Einfluss von Nicht-Regierungsorganisationen (NGOs), insbesondere im Zusammenwirken mit dem anderen zunehmend großen Einflussfaktor, dem Fernsehen (CNN-Effekt), den Handlungsspielraum westlicher Regierungen erheblich beeinflussen kann. Jedoch steht dieser Beeinflussungsmöglichkeit durch NGOs die Beeinflussungsmöglichkeit des Staates gegenüber, was potenziell für eine Art „Waffengleichheit" sorgt. Grundsätzlich besteht darüber hinaus zumindest die theoretische Möglichkeit, dass nicht alle Politiker nach dem Motto verfahren: „da rennt das Volk, ich muss hinterher, ich bin der Führer". Diese seltene Gabe, im angelsächsischen Sprachgebrauch gemeinhin als „political leadership" tituliert, soll tatsächlich noch vorkommen. In letzter Konsequenz kann eine Regierung, zumindest kurzfristig, die Geschicke bestimmen, auch wenn sie mittelfristig, spätestens bei den nächsten Wahlen, die „Quittung" hierfür präsentiert bekommen kann. Das entschlossene Eintreten der NGOs und der Medien für ein Antipersonenminenverbot unterstreicht zwar einerseits die „Macht" der Medien und der NGOs, hat aber andererseits nur deswegen zum Abschluss eines Abkommens

geführt, weil maßgeblichen politischen Entscheidungsträgern die Problematik nicht wichtig genug war, um sich dem Ansinnen zu verschließen. Damit ist aber noch nicht belegt, dass die Politik grundsätzlich nicht dazu in der Lage ist, auch politisch unbequeme Maßnahmen durchzusetzen. Die Stationierung von NATO-Mittelstreckenflugkörpern in Europa Anfang der 80er Jahre (auf der Grundlage des so genannten NATO-Doppel- bzw. Nachrüstungsbeschlusses) kommt einem hierbei in den Sinn.

12 Letztere provozieren jedoch Verstöße. Deutsche Soldaten sind wegen Art. 25 GG stärker betroffen als Alliierte. Artikel 25 des Grundgesetzes besagt: „Die allgemeinen Regeln des Völkerrechtes sind Bestandteil des Bundesrechtes. Sie gehen den Gesetzen vor und erzeugen Rechte und Pflichten unmittelbar für die Bewohner des Bundesgebietes."

13 Als Konsequenz aus dieser grundsätzlichen Erkenntnis wurde bereits im Jahre 1990 die Akademie der Bundeswehr für Information und Kommunikation (AIK) gegründet, die sich systematisch mit dem Themenkomplex Bundeswehr und Öffentlichkeit beschäftigt – und zwar wissenschaftlich, durch zahlreiche Veranstaltungen unter Einbeziehung der Öffentlichkeit, wie auch im Rahmen der Ausbildung des in der Presse- und Öffentlichkeitsarbeit der Bundeswehr eingesetzten militärischen Fach- und Führungspersonals. Zu den Ergebnissen eines wissenschaftlichen Symposiums siehe exemplarisch: Sven Bernhard Gareis / Rolf Zimmermann (Hg.): Sicherheitspolitische Kommunikation, Baden-Baden 1999 (Schriften der Akademie der Bundeswehr für Information und Kommunikation, Band 22).

14 Es sei an dieser Stelle darauf hingewiesen, dass sich der Verfasser an der politisch korrekten „Schönfärberei" von Begriffen nicht beteiligt. Auch eine „humanitäre Intervention" ist eine *militärische* Intervention. Gleichzeitig nutzt sie Mittel, die gemeinhin nicht als humanitär bezeichnet werden können. Auch der Begriff „friedensunterstützende Maßnahme" soll von der Tatsache ablenken, dass es sich eigentlich um eine militärische Intervention handelt. Sie unterstützt den Frieden, wie dies eigentlich von den meisten Kriegen behauptet werden kann. Stets wird ein an- oder eingreifendes Land vorgeben, dass die Militäroperation nur dem Ziel dient, den Frieden zu sichern oder wiederherzustellen – allerdings zu den Bedingungen des an- bzw. eingreifenden Landes.

15 Vgl. hierzu ausführlicher: Holger H. Mey: Neue Waffentechnologien im Sammelband: Weltpolitik im neuen Jahrhundert, hrsg. v. Karl Kaiser und Hans-Peter Schwarz (unter Mitarbeit von Sven Olaf Berggötz und Petra Holtrup), Bonn 2000 (Schriftenreihe Band 364, Bundeszentrale

für politische Bildung), S. 358-366. Eine gute Übersicht über die technologischen Trends im Bereich der Luftrüstung der USA bieten nach wie vor die 15 Bände der „New World Vistas" des Scientific Advisory Board der U.S. Air Force, die im Dezember 1995 in Washington, D.C., der Öffentlichkeit weitgehend zugänglich gemacht wurden. Auch lesenswert sind die Studien „SpaceCast 2020" (1993-94) und „Air Force 2025" (1996) der Air University (U.S. Air Force). Für eine exzellente Analyse der Rolle und Bedeutung von Technologie im Golfkrieg siehe: Stephen Biddle: Victory Misunderstood: What the Gulf War Tells Us about the Future of Conflict, in: International Security, Vol. 21, No. 2 (Fall 1996), S. 139-179; ders.: The Gulf War Debate *Redux*: Why Skill *and* Technology Are the Right Answer, in: International Security, Vol. 22, No. 2 (Fall 1997), S. 163-174.

16 Siehe hierzu: Robbin F. Laird und Holger H. Mey: The Revolution in Military Affairs: Allied Perspectives, Washington, D.C., April 1999 (Institute for National Strategic Studies, McNair Paper 60); diese Veröffentlichung ist auch elektronisch erhältlich unter: http://www.ndu.edu/inss/macnair/mcnair60/m60cont.html.

17 Allerdings können „Informationen" in Form von Informationsoperationen auch zerstörerische Wirkung haben, also Gewaltanwendung bedeuten.

18 Der Abschnitt 3.11.1 stützt sich auf Präsentationsunterlagen aus dem Umfeld des Pentagon, die dem Verfasser dieser Studie zur Verfügung gestellt wurden.

19 Vgl. dazu die Erläuterungen im Anhang 10.2.

20 Gegenwärtig ist die Tendenz bei nahezu allen westlichen Armeen zu verzeichnen, die Panzerkräfte drastisch zu reduzieren. Dies geschieht in einer Zeit, in der die gesamte nicht-westliche Welt Panzer beschafft.

21 Im Kosovo-Konflikt setzten die Serben ihre Luftverteidigung nur in begrenztem Umfang ein. Die NATO-Luftstreitkräfte mussten jedoch unter der Annahme operieren, dass die Boden-Luft-Raketen Serbiens stets hätten eingesetzt werden können. Dies und die Existenz von Flugabwehrmitteln zwang die westlichen Flugzeuge in eine Operationshöhe von mindestens 15.000 Fuß und verringerte somit deren Einsatzwirksamkeit gegen Ziele am Boden, insbesondere unter der Bedingung strikter Kollateralschadensbegrenzung.

22 Der letzte Punkt gewinnt vor dem Hintergrund einer massiven westlichen Abrüstung an Bedeutung. Quantität stellt gleichfalls eine Qualität dar.

23 Für eine knappe Abhandlung über die „Natur des Krieges“ sei auf das Essay im Anhang verwiesen.

24 Dieser Sachverhalt gilt auch und gerade im nuklearen Kräfteverhältnis. Ein Land, das lediglich über 20 Kernwaffen verfügt, kann im Rahmen eines Entwaffnungsangriffs eher „ausgeschaltet“ werden als ein Land, das über 2000 Kernwaffen und ggf. auch noch über Raketenabwehr verfügt.

25 Diese Drohung kann auch indirekt erfolgen, indem der Konfliktgegner beispielsweise zur Einschätzung gelangt, dass der Westen (aus politischen Gründen) nicht verlieren „kann“, und daher demnächst Bodentruppen einsetzen wird.

26 „Theoretisch“ stehen militärische Maßnahmen zur Verfügung, mangelnde Masse zu kompensieren. Ein präventiver Angriff beispielsweise reduziert üblicherweise die militärischen Fähigkeiten der Gegenseite nicht unerheblich und trägt damit zur eigenen Schadensbegrenzung bei – diese Vorgehensweise erfreut sich in Deutschland nach 1945 zu Recht keiner großen Beliebtheit. Sektoren im Operationsgebiet, die man mit eigenen Truppen nicht halten kann oder will, könnten vermint werden – aber es besteht aufgrund des Ottawa-Abkommens ein Verbot von Antipersonenminen (allein hierdurch werden die Eigenverluste vorhersagbar steigen). Truppen, die sich in Wälder zurückgezogen haben, könnten (sieht man vom Einsatz von Entlaubungsmitteln wie Agent Orange ab) durch den Einsatz von Phosphor abgebrannt werden – eine Methode, die gleichfalls äußerst umstritten sein dürfte. Truppen, die sich in Dörfern verstecken, könnten ohne Rücksicht auf die Zivilbevölkerung mit Artillerie- oder Bombenangriffen belegt werden – die russische Vorgehensweise in Tschetschenien wurde durch den Westen jedoch erheblich kritisiert (zumal der militärische Effekt auch begrenzt ist). Viele militärische Maßnahmen, die im Prinzip dazu geeignet sind, mangelnde Masse auszugleichen, sind aus guten politischen Gründen kaum akzeptabel. Hieraus folgt aber zwingend, dass man eine auch quantitative Überlegenheit haben muss, wenn man das Risiko für die eigenen Soldaten begrenzt halten will. Eine mangelnde Masse kompensierende Brutalität oder ein entsprechender Aktionismus sind keine politisch akzeptablen Optionen. Kampf in bebautem Gelände, d.h. Häuserkampf, erfordert jedoch eine erhebliche Zahl an Soldaten. Der „blutlose Kampf auf Distanz“, so erstrebenswert er grundsätzlich auch erscheinen mag, bleibt die Ausnahme. Nachdem der Westen zugunsten moderner Hochtechnologieheere den Umfang in Form ausreichender und zeitgerecht verfügbarer Reserven sowie hinreichender Präsenz vernachlässigt und in Zukunft noch mehr vernachlässigen wird, werden die Lektionen, wie oben angedeutet, in Zukunft neu gelernt werden müssen.

[27] Es sei auf die in Anhang I dieser Studie tabellarisch dargestellte Übersicht über grundlegende Strukturmerkmale der Bundeswehr der Zukunft hingewiesen. In ihr werden wesentliche Untersuchungsergebnisse noch einmal zusammengefasst.

[28] Dieser Abschnitt basiert auf Untersuchungen von Daria Nashat, die zurzeit eine umfassende Arbeit zu dieser Thematik anfertigt. Der Verfasser dankt Frau Nashat für die Anfertigung und Überlassung einer knappen Zusammenfassung ihrer Forschungsergebnisse.

[29] Vgl.: Kaldor, Mary: New and Old Wars. Organised violence in a global era, Blackwell: Cambridge 1999.

[30] Vgl.: Daase, Christopher: Kleine Kriege – Große Wirkung. Wie unkonventionelle Kriegsführung die internationale Politik verändert, Baden-Baden 1999, S. 13.

[31] Vgl.: Kaldor: New and Old wars, S. 8.

[32] Vgl.: Ager, Alastair: Refugees. Perspectives on the Experience of Forced Migration, London 1999.

[33] Vgl.: UNHCR (1993 & 1997): The state of the world's refugees.

[34] Vgl.: UNHCR (1997): The state of the world's refugees.

[35] Vgl.: Gray, Victoria: The Albanian Diaspora and the Security in the Balkans, in: European Security, Vol. 8, No. 3 (Autumn 1999), S. 133-148.

[36] Vgl.: UNHCR (1997): The state of the world's refugees, S. 28.

[37] Vgl.: Bibel, 2. Buch Mose 3,8.

[38] Carl von Clausewitz, Vom Kriege, 18. Aufl., Bonn 1973, S. 990.

[39] Raymond Aron, Frieden und Krieg. Eine Theorie der Staatenwelt, Frankfurt/Main 1963, S. 409.

[40] John Keegan, Die Kultur des Krieges, Berlin 1995.

[41] Vgl.: ebd., S. 543f.

[42] Ebd., S. 553.

[43] Clausewitz, Vom Kriege, S. 192.

[44] Ebd.

[45] Publius Vergilius Maro, Aeneis, Lat.-dt. Ausgabe, hrsg. u. übers. v. Johannes Götte in Zusammenarbeit mit Maria Götte, 7. Aufl., München, Zürich 1988, 1. Buch, Verse 294ff.

[46] Vgl.: Barbara Supp, Die Bestie Krieg, in: Der Spiegel, Nr. 44 (26. 10. 1998), S. 66-69.

[47] Thukydides, Der Peloponnesische Krieg. Übertragen von August Horneffer, Essen o.J., S. 458f. (Melier-Dialog).

[48] Sun-Tsu, The Art of War. Translated and with an introduction by Samuel B. Griffith, Oxford University Press, London, Oxford, New York (Paperback-Ausgabe) 1971, S. 77 („To subdue the enemy without fighting is the acme of skill."), dt. Übers. d. Verf.

[49] Thukydides, Der Peloponnesische Krieg, S. 460.

[50] Clausewitz, Vom Kriege, S. 634.

[51] Bibel, Lk 14, 31-32.

[52] Clausewitz, Vom Kriege, S. 216.